Jost Wetter-Parasie und Luitgardis Parasie
Der Apfel fällt nicht weit vom Stamm?

Jost Wetter-Parasie
Luitgardis Parasie

Der Apfel fällt nicht weit vom Stamm?

Wie unsere Familie unser Leben bestimmt

Edition Anker

Edition Anker – Ratgeber

Haben Sie weitere Fragen oder Anregungen? Dann können Sie mit den Autoren über E-Mail Kontakt aufnehmen. Sie finden die Adresse im Internet unter: www.wetter-parasie.de

Die Deutsche Bibliothek – CIP-Einheitsaufnahme

Wetter-Parasie, Jost:
Der Apfel fällt nicht weit von Stamm : wie unsere Familie unser Leben bestimmt / Jost Wetter-Parasie/Luitgardis Parasie. – Stuttgart : Christliches Verl.-Haus, 2002
  (Edition Anker : Ratgeber)
  ISBN 3-7675-7063-7

www.edition-anker.de
© 2002 Edition Anker im Christlichen Verlagshaus GmbH, Stuttgart
Umschlaggestaltung: Dieter Betz, Friolzheim
Innengestaltung: Daniel Schmidt, Freudental
Satz: WVG Werbe- und Verlagsgesellschaft Grevenbroich
Druck: Freiburger Graphische Betriebe
Gesetzt aus der Officina 10/10
ISBN 3-7675-7063-7; Best.-Nr. 297.063

„Das Problem ist die Familie, Rabbi",
sagte er. „Die Familie bringt in uns allen
unsere besten und unsere schlechtesten
Seiten zum Vorschein ..."[1]

„Heiraten, eine Familie gründen, alle
Kinder, welche kommen, hinnehmen, in
dieser unsicheren Welt erhalten und gar
noch ein wenig führen, ist meiner Überzeugung nach das Äußerste, das einem
Menschen überhaupt gelingen kann."[2]

Vorwort

Kein Ort auf dieser Welt kann uns die Nähe und Geborgenheit einer Familie geben. Kein Ort auf der Welt kann das Zusammenleben von Menschen aber auch so sehr zur Hölle werden lassen wie eine Familie.

Trotz aller Nähe und Zuneigung kommt es in Familien oft zu heftigen Auseinandersetzungen, zu Streit, zu Konflikten, die so stark sein können, dass Menschen krank daran werden. Warum ist das so? Was sind die Ursachen? Und wie gehen wir damit um?

Von Oscar Wilde stammt der Ausspruch „Ich verabscheue meine Verwandten. Das kommt vermutlich daher, dass unsereins es nicht ausstehen kann, wenn andere Leute dieselben Fehler haben wie wir." Ist das vielleicht ein Grund familiärer Probleme?

Das vorliegende Buch nähert sich diesen Themen, indem es Familie als ein komplexes System versteht, dessen Mitglieder sich gegenseitig beeinflussen, und zwar auf eine sehr vielfältige Art und Weise. Das geschieht normalerweise unbewusst und so unterschwellig, dass die Beeinflussungen nicht direkt wahrgenommen werden. Was in Familien abläuft, ist schwer nachvollziehbar, am wenigsten für die Beteiligten.

In diesem Buch wird das System Familie von außen, gewissermaßen aus der Vogelperspektive untersucht. Beispielhaft werden Strukturen in Familien aufgezeigt, die deutlich machen: Menschen handeln oft deshalb so, wie sie handeln, weil sie irgendwann in eine bestimmte Rolle geraten sind und Verhaltensmuster entwickelt haben, denen sie nicht ohne weiteres entkommen können. Das Buch macht Mut dazu, über diese Familienrollen nachzudenken, und zeigt Möglichkeiten, Veränderungswege zu finden.

Frank Thissen

Frank Thissen ist Professor für *Multimediale Kommunikation* an der Fachhochschule Stuttgart und untersucht systemische Zusammenhänge in Lernprozessen.

1 Einführung

In einem Seminar wurden hochrangige Manager gefragt, wer von ihnen eine glückliche Kindheit gehabt hätte. Nur etwa ein Viertel der Anwesenden meldete sich. Drei Viertel also würden ihre Kindheit als nicht glücklich bezeichnen! Trotzdem sind all diese Männer und Frauen beruflich erfolgreich geworden.

Muss man eine heile Familie gehabt haben, um ein gelungenes Leben zu führen? Strenge Psychoanalytiker sagen: Alle entscheidenden Dinge für die gesunde Entwicklung eines Kindes passieren in den ersten sechs Lebensjahren. Was da schief gelaufen ist, ist später nur durch langwierige Therapien wieder auszugleichen: Der Apfel fällt nicht weit vom Stamm, der Mensch ist unauslöschlich geprägt durch seine Vorfahren und durch seine Erziehung in den ersten Lebensjahren, und es ist ein mühsamer Prozess, später etwas daran zu ändern. 300 bis 400 Behandlungsstunden sind bei konsequenten Psychoanalytikern keine Ausnahme, und 100 Stunden werden so etwa als Minimum angesehen, wenn eine Therapie Erfolg haben soll. Geduldig arbeiten Therapeut und Ratsuchender sich zu frühen Kindheitserlebnissen vor und versuchen zu ermitteln, warum der Betreffende im aktuellen Konfliktfall problematisches Verhalten an den Tag legt, warum ein Mann also beispielsweise seine Frau schlägt oder warum eine Frau eine Essstörung entwickelt. Erst wenn verdrängte schlimme Erinnerungen bewusst werden und reaktualisiert werden, kann der Weg frei werden zu neuen Erfahrungen und Verhaltensweisen. Das ist die Überzeugung von Sigmund Freud, dem Begründer der Psychoanalyse, und seinen Anhängern.

In den 80er Jahren verbreitete sich in Deutschland eine neue Therapieform, die systemische Therapie. Deren Vertreter propagierten genau das Gegenteil, sie sagten etwas überspitzt ausgedrückt: Egal von welchem Baum ich falle, ich selber entscheide darüber, ob ich Birne oder Kirsche werde! Die Zielrichtung, die ich mir gebe, die prägt mich. Ich bestimme, wo ich mit meinem Leben hin will! Wo ich herkomme und warum ich mir ein bestimmtes Verhalten angeeignet habe, ist eigentlich ziemlich egal. Ausschlaggebend ist nur das Ziel. Der Mensch ist nicht Opfer der Verhältnisse, sondern er gestaltet sein Schicksal, er ist Täter. Er hat sein Leben in der Hand, an ihm selber liegt es, was er daraus macht. Gerne wird das an einem Beispiel verdeutlicht: Wenn ich in einer fremden Stadt zum Bahnhof will und mich verfahren habe, nützt es mir gar nichts zu wissen, warum ich mich verfahren habe. Ich muss nur wissen, wo der Bahnhof ist und wie ich dorthin gelange, und dann muss ich mich auf den Weg machen. Jahrelange Analysen und Erforschung der Kindheit sind bei diesem Ansatz natürlich nicht gefragt; lösungsorientierte Kurztherapie ist angesagt, und einige Systemiker behaupten provokativ: Was man nicht in zehn Stunden Therapie erreichen kann, erreicht man auch in 100 nicht.

Der Apfel fällt nicht weit vom Stamm? Inwieweit prägt uns unsere Familie und inwieweit sind wir selber unsres Glückes Schmied?

Vielleicht gehören Sie zu den Menschen, die eine unbeschwerte Kindheit hatten, deren Eltern eine liebevolle Ehe führten, die eine gelungene Erziehung genossen und deren Ablösung vom Elternhaus geglückt ist. Dann haben Sie ausgesprochen gute Startbedingungen für Ihr Leben, und dieses Buch hat für Sie eher theoretischen Informationswert. In vielen Familiengeschichten jedoch gibt es irgendwelche tragischen oder schuldhaften Verwicklungen. Schon die Bibel

redet von der Schuld der Väter, die in die nächsten Generationen nachwirkt. Noch viel länger als das Schlimme wirkt
aber übrigens das Gute und der Segen nach. Jeder hat von
seinen Vorfahren Gutes und Schlechtes, Potenzial und Defi-
zite, Fähigkeiten und Aufgaben mitbekommen, bloß in ziemlich unterschiedlicher Verteilung.

Sie werden in diesem Buch Beispiele lesen von Menschen,
deren Kindheit alles andere als bilderbuchmäßig verlief.
Vielleicht war es bei Ihnen viel „normaler". Die Frage und
Lebensaufgabe für jeden Menschen ist trotzdem die gleiche:
Das, was wir mitbekommen haben, was macht das mit uns,
und was machen wir damit? Vielleicht gibt es mehr unge-
nutztes Potenzial als Sie denken!

Denn auch ein morscher Baum kann wunderbare Äpfel
hervorbringen. In Hamburg fand Anfang des Jahres 2001 ein
Kongress zum Thema „Kreativität und Scheitern" statt. Hier
wurden die Biografien berühmter Künstler erzählt, die nicht
trotz, sondern aufgrund schwerer kindlicher Traumata große
schriftstellerische Leistungen hervorgebracht haben. Provo-
zierend sagte der Psychoanalytiker Mathias Hirsch über Franz
Kafka (1883–1924): „Wenn man ihn und die ganze Familie als
Kind therapiert hätte, dann wäre das Kind möglicherweise so
zufrieden aufgewachsen, dass aus ihm kein Künstler geworden wäre."

Menschen können also auch an Schwerem in ihrer Familiengeschichte wachsen und es nutzen für einen guten eigenen
Kurs. Systemische Therapeuten verwenden gerne das Bild
vom Fluss: Ich kann gegen den Strom schwimmen, aber das
kostet sehr viel Kraft und bringt mich nicht weit. Wenn ich
jedoch mit dem Strom schwimme und den Kurs nur um 5 Grad
ändere, kann ich die Kraft der Strömung nutzen und gebe
meinem Leben trotzdem eine eigene Wendung.

Die Familie mit ihren Konflikten und mit ihren Chancen ist

das Thema dieses Ratgebers. Wir möchten Menschen Mut machen, Kraftquellen in ihrer eigenen Familie zu entdecken.

Zunächst geben wir einen kurzen Rückblick auf die Geschichte der Familie vom Mittelalter bis heute. Welche Chance
hat Familie in der Zukunft? Neueste Studien bringen er-
staunliche Ergebnisse.

Den therapeutischen Schwerpunkt legen wir in diesem
Ratgeberband auf die systemische Familientherapie. Nein, es
handelt sich um keinen Druckfehler: Systemisch kommt von
System und nicht von systematisch! Eine Einführung in die
Arbeitsweise und Denkweise systemischer Therapie soll Neu-
gier auf diese wirksame Beratungsform wecken.

Die spannende Arbeit mit Familienstammbäumen wird etwas ausführlicher dargestellt. Denn am Ende des Buches bekommen Sie eine Anleitung zum Erstellen eines eigenen
Stammbaums.

Im Hauptteil des Ratgebers beschreiben wir Konflikte im
Kontext der Familie anhand von Beispielen aus der eigenen
Beratungspraxis.

In der Familiengeschichte Josefs hat man den Eindruck,
dass der Apfel wirklich nicht weit vom Stamm fällt. Bei der
Beschäftigung mit dieser biblischen Familiengeschichte
stießen wir auf bemerkenswert aktuelle Konflikte.

Vielleicht haben Sie am Ende des Bandes Lust, Ihre eigene
Familiengeschichte aufzuzeichnen. Auf dem eingehefteten
Leporello haben Sie die Möglichkeit dazu.

Wer weiter am Thema Familie arbeiten möchte, findet am
Schluss des Buches weiterführende Internetadressen. Auch
auf die Möglichkeiten einer Beratung über die neuen Medien
weisen wir hin.

Dieses Buch haben wir zu zweit geschrieben, deshalb verwenden wir je nach Situation manchmal die Ich-Form,
manchmal die Wir-Form.

Sämtliche von uns in diesem Band dargestellten Fallbeispiele haben wir bewusst verfremdet. So haben wir Namen, Alter, äußere Umstände und Zeitpunkt so verändert, dass kein Patient erkennbar ist und die ärztliche Schweigepflicht nicht verletzt wird. Ähnlichkeiten mit lebenden Personen sind rein zufällig.

Wertvolle Ratschläge haben wir von Prof. Dr. Margret Gröne, Dozentin an der Fachhochschule Hildesheim und am niedersächsischen Institut für systemische Therapie und Beratung in Hannover bekommen. Aus ihrem reichen Erfahrungsschatz konnten wir manche Anregung aufgreifen.

Unserem Freund, dem Kommunikationsforscher Prof. Frank Thissen, danken wir für konstruktive Tipps und nicht zuletzt für sein wertschätzendes Vorwort.

Vielen Dank auch an Hans-Hermann Löwer, der das Manuskript Korrektur gelesen hat und uns aus der Sicht eines Werbefachmanns unterstützt hat.

Auch die Zusammenarbeit mit unserem Lektor Thomas Kraft hat wieder Spaß gemacht. Wir konnten wertvolle Anregungen von ihm aufnehmen.

Vor allem aber möchten wir unseren Patienten danken, die ihre Familiengeschichten mit uns teilten. Sie alle haben bereitwillig der Darstellung ihrer Erfahrungen zugestimmt. Ohne sie wäre dieser Ratgeber nicht zustande gekommen.

2 Familie im Wandel

2.1 VON DER PRODUKTIONSGEMEIN-
SCHAFT ZUM ROMANTISCHEN IDEAL

Seit etwa dem 12. Jahrhundert setzte sich in Mitteleuropa allmählich die Verlobung und Heirat auf freiwilliger Basis durch. Wurden in früheren Zeiten die Ehen häufig von den Eltern geschlossen, so entscheiden im ausgehenden Mittelalter mehr und mehr die Betroffenen selber, mit wem sie zusammenleben wollen.[3]

Allerdings war die durchschnittliche Ehedauer angesichts der häufigen Todesfälle und der niedrigen Lebenserwartung gering. Dass der zurückgebliebene Partner wieder heiratete, war gängige Praxis.

Ein Beispiel ist Wibrandis Rosenblatt.[4] Sie lebte während der Reformationszeit von 1504 bis 1564. Ihr erster Mann starb früh. Ihre folgenden drei Ehemänner waren bedeutende Reformatoren: Wibrandis Rosenblatt war nacheinander mit Johannes Oekolampad, Wolfgang Capito und Martin Bucer verheiratet. Die erste und zweite Ehe dauerte je drei Jahre, die dritte und vierte Ehe je neun Jahre. Die durchschnittliche Ehedauer entspricht also etwa der durchschnittlichen Dauer einer Beziehung in unserer heutigen modernen Welt, bevor sie geschieden wird.[5]

Eine Ehe war damals nicht in erster Linie eine romantische Angelegenheit, sondern eine Versorgungsgemeinschaft. Wibrandis regelte die finanziellen Verhältnisse ihrer Männer, führte die großen Pfarrhaushalte, bekam in insgesamt 24 Ehejahren elf Kinder und zog noch Stiefkinder mit auf.

Zur Arbeitsteilung und Stellung der Frau und des Mannes in der Ehe schrieb der Reformator Heinrich Bullinger in seiner Abhandlung *Der Christlich Eestand* (1547): *„Waz ussethalb dem huss zehandeln ist/als hin und här reisen/gwün und gwärb fertigen/kauffen und verkauffen/und der glychen eehaffte stuck/ist des manns arbeit. Der sol glych wie ein empsiger vogel hin und här fliegen/die narung und notturfft samlen und flyssig zuo näst tragen. Und alles was also in daz huss gebracht wirt/sol das wyb samlen/ordnen/nüt zuo verlieren gon lassen/und alles was in huss zethon ist flyssig und fruotig ussrichten."*[6]

Damit wurde die Rolle der Männer als Hausväter gestärkt und die Zuständigkeit der Frau für Heim und Herd festgelegt. Das Patriarchat blieb das Leitbild der Familie und wirkte sich bis weit in das 20. Jahrhundert hinein aus. Bis 1977 galt in Deutschland das alte Ehe- und Familienrecht, das im Bürgerlichen Gesetzbuch (BGB) von 1896 festgelegt worden war. Dort hieß es im § 1354: „Dem Manne steht die Entscheidung in allen das gemeinschaftliche eheliche Leben betreffenden Angelegenheiten zu; er bestimmt insbesondere Wohnort und Wohnung." Und der § 1356 BGB ergänzte: „Die Frau ... ist berechtigt und verpflichtet, das gemeinschaftliche Hauswesen zu leiten." Der § 1354 wurde 1977 ersatzlos gestrichen, § 1356 benennt es jetzt als Aufgabe beider Ehegatten, „die Haushaltsführung im gegenseitigen Einvernehmen" zu regeln.

Ehe und Familie hatten bis zum Beginn der Industrialisierung vorwiegend lebensbewältigende Funktionen. Durch Produktion („... gwün und gwärb fertigen/kauffen und verkauffen ...") erwarb der Mann den Lebensunterhalt und die Frau war vollauf mit den Versorgungsaufgaben der Familie beschäftigt („... alles was in huss zethon ist flyssig und fruotig ussrichten."). Die Familie war vorwiegend eine Wirtschaftseinheit, die zusammenlebte und im Haus und Hof zusammenarbeitete. Klassisches Beispiel sind die alte bäuerliche Großfamilie und die Handwerkerfamilie. Bis ins 19. Jahrhundert herrschte diese Familienform vor. Auf dem Lande hat sie sich am längsten gehalten, teilweise bis ins 20. Jahrhundert.

Die Industrialisierung im 19. Jahrhundert brachte grundsätzliche Veränderungen für Ehe und Familie mit sich. Wohn- und Arbeitsplatz wurden getrennt. Die Fabrikarbeit trat an die Stelle der Heimarbeit. Die Familie verliert weitgehend ihre Produktionsaufgaben. Es entsteht die bürgerliche Kleinfamilie. Das Klima in der Familie wandelt sich. Während gemeinsame produktive Aufgaben wegfallen, treten gefühlsbetonte Ideale in den Vordergrund: Es sind die bürgerlichen Ideale von Häuslichkeit, romantischer Partnerwahl, Gattenliebe und Elternliebe.

Ideal der Häuslichkeit: Die Familie soll Nestwärme und Wohlergehen vermitteln. Dafür ist in erster Linie die Frau zuständig.

Ideal der romantischen Partnerwahl: Romantische Liebe und Zuneigung und nicht wirtschaftlich praktische Erwägungen bestimmen die Partnerwahl.

Ideal der Gattenliebe: Dauerhafte Liebe zwischen Mann und Frau ist die Grundlage der Ehe, und erst in zweiter Linie sind es gemeinsame lebensbewältigende Aufgaben.

Ideal der Elternliebe: Kinder sollen nicht beiläufig großgezogen werden, sondern in liebevoller und inniger Beziehung zu den Eltern und besonders zur Mutter.

Diese bürgerlichen Ideale spielten in der vorindustriellen Gesellschaft eine eher untergeordnete Rolle. Man heiratete weniger aus Leidenschaft als aus praktischen Erwägungen heraus.

Die bürgerlichen Familienideale hingegen setzten *„ein gewaltiges Sentimentalisierungsspektakel"* (Reinhard Sieder) in

Szene. Tatsächlich aber konnten sie nie verwirklicht werden, weil sie von Anfang an zu hoch gegriffen waren, meint der Hamburger Sexualforscher Gunter Schmidt. Die Beziehung zwischen Kindern und Eltern wurde verklärt. Dabei hat gerade die neue Intimität der Kleinfamilie die tiefen familiären Konflikte entfesselt, die Sigmund Freud um 1900 beschrieb. Seine Beobachtung über das Drama Familie hätte Freud hundert Jahre früher nicht machen können.

Es war in erster Linie die Frau, von der die Einlösung dieser Ideale erwartet wurde. In dem Maße, in dem sie nicht mehr an der arbeitsteiligen Produktionsordnung teilnehmen konnte, wurde sie auf Heim und Herd und Kindererziehung zurückgedrängt.

Das Bürgertum des 19. und beginnenden 20. Jahrhunderts in Europa war weiterhin vorwiegend eine von Männern geprägte Gesellschaftsordnung. Zwar wurden die Feudalverhältnisse der Agrargesellschaft abgeschafft, dafür entstand − so die Soziologen Beck und Beck-Gernsheim − ein neues Feudalverhältnis zwischen Mann und Frau, eine Geschlechtsständegesellschaft. „Die Moderne war halbiert, Männer hatten an ihr teil, Frauen (zunächst) nicht."[7] Das Wahlrecht bekamen Frauen erst relativ spät: Am frühesten wurde das Frauenwahlrecht in Neuseeland 1893 eingeführt. Es folgten Australien 1902, Finnland 1906, Norwegen 1913, Schweden, Dänemark, Niederlande, Österreich, Deutschland, Luxemburg, USA während bzw. nach dem Ersten Weltkrieg (1914–1918), Großbritannien 1926, Frankreich 1944, Italien 1945, Belgien 1948, Schweiz 1971, Portugal 1975 und zuletzt Spanien 1977.

In dem Maße, in dem die Frau in der bürgerlichen Kleinfamilie von Produktionsaufgaben entbunden wurde und damit gesellschaftlich weniger mächtig war, gewann sie psychologisch an Macht; denn die Erziehung der Kinder lag fast ausschließlich in ihren Händen. Das Bild der guten Mutter wurde verklärt und idealisiert. Doch das idealisierte Bild besitzt eine Kehrseite: Die „böse" übermächtige Mutter, die bis heute die Psychotherapeuten so sehr beschäftigt.

Dies führte zu dem paradoxen Phänomen, dass Männer zwar die gesellschaftliche Macht besaßen und die Frau nach außen beherrschten, die ersten wichtigen Jahre des Lebens von Jungen und Mädchen jedoch durch Frauen geprägt wurden. Die Männlichkeit der Männer war „eine im Feuer der Weiblichkeit geschmiedete Männlichkeit".[8]

Sexualität diente in der bürgerlichen Kleinfamilie „vor allem der Fortpflanzung oder der geregelten Spannungsabfuhr der Männer. Als ideale Ehefrau galt die Frau ohne sexuelle Bedürfnisse".[9] Dennoch blieben die Ehepartner weiter unverzichtbar aufeinander angewiesen. Zwar hing die Frau vom Verdienst des Mannes ab, dieser aber konnte nur funktionieren, solange die Frau ihm familiäre Wärme und Versorgung des Haushaltes garantierte.

Eine gravierende Veränderung der Versorgungsfunktionen von Ehe und Familie trat nach dem Zweiten Weltkrieg ein. „Durch den gesellschaftlichen Wohlstand, durch die Abnahme der Kinderzahl, durch Dienstleistungsangebote für die Versorgung (Fernheizung, Wasch- und Reinigungsdienste, Kantinen, Fast-Food-Ketten usw.) und Kindererziehung (Kindergärten, Tagesmütter) und durch so triviale Dinge wie Wohn- und Küchentechnik, aber auch *Kindertechnik* (Einwegwindeln, Babynahrung usw.) wird die Familie zunehmend von Versorgungsaufgaben entlastet. Die traditionelle Rollenverteilung verliert jede Funktion, sie wird zur leeren Hülse. Parallel zu dieser Entwicklung wächst die Bedeutung der Sexualität in der Ehe."[10]

Eine zunehmende Zahl von Frauen verfolgt eine Karriere außerhalb des Hauses. Die Berufstätigkeit der Frau führt weitgehend zu wirtschaftlicher Unabhängigkeit, sodass beide Partner in einer Beziehung auch alleine überleben könnten.

Praktische lebensbewältigende Aufgaben und Funktionen spielen heute als tragende Grundlage und Bindungskraft der Familie eine zunehmend untergeordnete Rolle. An ihre Stelle treten Zuneigung, Liebe und Sexualität. 1996 wurden Studenten in einer Erhebung gefragt, was ihre Beziehung zusammenhält. Fast 60 % gaben die Antwort: „Liebe" und „Intimität wie Vertrauen, Geborgenheit, Nähe, Wärme, Verständnis". An zweiter Stelle standen mit 42 % bei den Männern und 57 % bei den Frauen: „Austausch" wie gemeinsame politische und kulturelle Interessen, Hobbys, Studium und Urlaub. Dann folgten Sexualität, Rückhalt und Sicherheit.[11]

Ehen, Partnerschaften und Liebesbeziehungen sind also heute sehr viel abhängiger geworden von Emotionen und gelungener Sexualität als sie es jemals vorher waren, stellt der Sexualwissenschaftler Gunter Schmidt fest. Wenn das Gefühl von Zuneigung das tragende Fundament einer Beziehung darstellt, dann ist Beziehung außerordentlich störanfällig, sobald die Gefühle füreinander sich ändern.

Der amerikanische Sozialwissenschaftler Richart Sennet spricht in diesem Zusammenhang gar von der „Tyrannei der Intimität", unter der der moderne Mensch und insbesondere der Mensch in einer modernen Ehe stehe.[12]

Treue scheint heute unter jungen Menschen wieder einen größeren Stellenwert zu haben als noch vor 20 Jahren. Bei den 20- bis 30-jährigen Studenten, die in einer festen Beziehung leben, hatten 1981 27 % eine sexuelle Außenbeziehung, während 1996 „nur" noch 20 % einen Seitensprung angaben.[13] Dass Treue für eine Beziehung notwendig oder wünschenswert ist, gaben 1981 81 % der befragten Studenten und Studentinnen an, während 1996 für 94 % der Befragten Treue wichtig ist.[14] In Diskrepanz zur hintereinander wechselnden Beziehungspraxis besteht bei den heutigen jungen Studenten weiterhin das Ideal einer festen, langdauernden Beziehung. Immerhin 90 % wünschen sich, „möglichst lange mit einer festen Partnerin/einem festen Partner in einer festen Beziehung" zu leben.[15]

In einer Talkshow mit Sabine Christiansen über das Gesetz zur Gleichstellung gleichgeschlechtlicher Partnerschaften wurde die Frage aufgeworfen: „Wodurch ist eigentlich die Familie definiert?" Eine Antwort lautete: Familie ist eine „Verantwortungs- und Einstehensgemeinschaft". Unter diese Definition könnten, so hieß es, auch homosexuelle Paare mit adoptierten Kindern einbezogen werden sowie alleinerziehende Elternteile und verheiratete oder unverheiratete heterosexuelle Partner mit und ohne Kinder.

Man beachte allein die Wortschöpfung „Elternteile". Sie hört sich funktionell und technisch an. Aber in dem Wort steckt auch, dass etwas geteilt, auseinandergeteilt wurde, was eigentlich zusammengehört. Auch das Kombinationswort „Einstehensgemeinschaften" klingt schwergewichtig, funktionell und wenig emotional. Wenn zwei oder mehr füreinander einstehen, entsteht dann Familie? Der Hamburger Sexualforscher Gunter Schmidt spricht von einer „postfamilialen Familienvielfalt". Ein „kaum beschreibbarer, buntgescheckter biographischer Beziehungspluralismus" trete an die Stelle herkömmlicher Familienstrukturen.[16]

Ich komme von einer mehrtägigen Jugendfreizeit wieder. Am Ankunftsort des Busses werden die Jugendlichen von Angehörigen erwartet. Einige, die ich nicht kenne, stellen sich vor. Eine Frau begrüßt mich: „Hallo, ich bin die Mutter von Kim, und das ist mein Mann, und das ist Herr Schmidt, mein Lebensgefährte." – Kim scheint etwas verunsichert und weiß nicht so richtig, an wen er sich nun wenden soll. Postfamiliale Familienvielfalt.

2.2 „SUBJEKTIV EIN ERSTKLASSIGER WERT" – DIE FAMILIE DER ZUKUNFT

Es gibt heute wahrscheinlich so viele Langzeitbeziehungen wie in kaum einer Generation vor uns. Bedenkt man, dass die durchschnittliche Lebenserwartung so hoch ist wie nie zuvor in der Menschheitsgeschichte, dann ist es nicht verwunderlich, dass Beziehungen heute sehr lange dauern können. Mitte des 19. Jahrhunderts betrug die durchschnittliche Lebenserwartung 36,5 Jahre. Viele Paare haben also damals die Konflikte, die zur Trennung hätten führen können, gar nicht erst erlebt. Noch wer im ersten Viertel des 20. Jahrhunderts geboren wurde, wurde statistisch nur 55 Jahre alt. Dagegen haben 1998 geborene Mädchen eine durchschnittliche Lebenserwartung von 80,5 Jahren, Jungen von 74,4 Jahren.[17]

Auf der anderen Seite steigen seit über 20 Jahren von der iberischen Halbinsel bis nach Skandinavien die Scheidungsraten. In Deutschland scheinen sie sich in den letzten Jahren auf hohem Niveau zu stabilisieren: Jede dritte heute geschlossene Ehe wird voraussichtlich durch Scheidung wieder beendet werden.[18] Und das geschieht konfessionsunabhängig und kulturübergreifend. Auch in den USA und Kanada findet sich die gleiche Entwicklung. Immer mehr Kinder wachsen mit nur einem Elternteil auf.

Auch die Zahl unverheiratet zusammenlebender Paare nimmt zu. Jedes dritte unverheiratet zusammenlebende Paar trennt sich innerhalb von zwei Jahren wieder.

Studentinnen und Studenten haben zu Beginn ihres Studiums mit ca. 20 – 21 Jahren im Durchschnitt ihre zweite Beziehung. Untersuchungen von Gunter Schmidt zwischen 1966 und 1996 belegen, dass sie am Ende ihres Studiums mit 26 bis 30 Jahren in der Regel ein bis zwei weitere Beziehungen erlebt haben.[19]

Die Generation heutiger 20- bis 30-Jähriger wird seltener und später heiraten als Generationen vor ihnen. Sie werden sich häufiger scheiden lassen und seltener in klassischen Familienverhältnissen „Vater-Mutter-Kind" leben. Die Zahl der Liebesbeziehungen im Laufe des Lebens wird zunehmen und die Dauer der Beziehung abnehmen. Die Brüchigkeit von Beziehungen kennzeichnet die moderne sexuelle Welt.

Für die Entwicklung von kleinen Kindern hätte das allerdings fatale Folgen. So sieht es der Neurobiologe Gerald Hüther. Er sagt: Die Familie ist entwicklungsbiologisch begründet und unbedingt notwendig für das Überleben einer humanen Menschheit.

Menschen zeichnen sich gegenüber den meisten anderen Lebewesen dadurch aus, dass sie mit einem besonders unfertigen Gehirn zur Welt kommen. Ein Teil des Nervennetzes im menschlichen Gehirn ist, ähnlich wie bei den Tieren, fest verschaltet. Diese Verschaltungen befinden sich vorwiegend im Stammhirn. Ein großer Teil des Gehirns jedoch ist noch frei programmierbar.

Mit so einem frei programmierbaren Gehirn waren die Menschen jedoch besonders störanfällig und gefährdet. Nur die, die hinreichend Schutz vor äußerer Bedrohung bieten konnten, konnten ihren Nachkommen im Laufe der Geschichte das Überleben sichern. Eine enge Bindung zwischen den Eltern und auch eine Bindung zwischen den anderen Mitgliedern der Familie, der Großfamilie, der Horde bot dafür eine besonders günstige Vorraussetzung. Dieses Gefühl der engen Verbundenheit wurde von Generation zu Generation in die aufnahmebereiten, lernfähigen Gehirne der Nachkommen eingegraben. Entwicklungsbiologisch gesehen, steht also am Anfang der Familie die enge emotionale Bindung zwischen Mann und Frau und, damit verbunden, die Bindung zwischen

Eltern und Kindern. Sie dient dem Ziel, Schutz und Geborgenheit zu erlangen.[20]

Erfahrung und Prägung verändern das menschliche Gehirn in seinen Verschaltungen und bewirken, dass es sich entwickelt, besonders in den ersten Lebensjahren. Das geschieht vorwiegend im Familienverband, in den das Kind hineingeboren wird, zunächst also durch Mutter und Vater. Erlebt das Kind bei Geschwistern, Großeltern, Onkeln und Tanten ebenfalls Schutz und Geborgenheit, dann entsteht auch zu ihnen eine Bindung. Deshalb sind alle erwachsenen Mitglieder einer solchen Gruppe gefühlsmäßig miteinander verknüpft. „Das ist der natürliche Kitt, der sie zusammenhält. Er scheint viel wichtiger zu sein als der, den wir später als gemeinsame Kultur und gemeinsame Moral erlernen."[21]

Liebe prägt diese ersten Bindungen. Nicht Darwins Prinzip der natürlichen Auslese, sondern die Liebe bewies die stärkste Selektionskraft in der Entwicklungsgeschichte der Menschheit. Ihre bindende Kraft hat uns zu dem gemacht, was wir heute sind, und nicht der Kampf ums Dasein und das Überleben des Stärkeren. Menschen sind keine „von irgendwelchen Genen auf Konkurrenz und Selbstbehauptung programmierten Roboter, sondern *Kinder der Liebe*".[22] Wesentlichste Frucht der Liebe ist es, dass Mann und Frau sich als Paar zusammentun. Dadurch kann die Familie entstehen und die Bindung zwischen Eltern und ihren Kindern kann sich entwickeln.

Goethes Faust wünscht sich, „dass ich erkenne, was die Welt im Innersten zusammenhält". Nach Hüthers Überzeugung ist diese Kraft die Liebe.

Für Christen ist Gott der Ursprung der Liebe, wie es im ersten Johannesbrief beschrieben wird: „Gott ist Liebe; und wer in der Liebe bleibt, der bleibt in Gott und Gott in ihm." (1. Joh. 4,16) Die Liebe wird alles andere überdauern: „Nun aber bleibt Glaube, Hoffnung, Liebe, diese drei; aber die Liebe ist die größte unter ihnen." (1. Kor. 13,13)

Wenn aber in einer Gesellschaft die Anzahl derjenigen zu groß wird, die in ihrer Kindheit keine Sicherheit und Geborgenheit erlebt haben, kommt es zu einem Zerfallsprozess. Denn diese Menschen tun sich schwer damit, ihre Ängste zu bewältigen: Sie erleben dabei eine dauerhafte, unkontrollierte Stressreaktion, die wenig Raum lässt zur Entwicklung sozialer Fähigkeiten. Sie sind weniger bindungsfähig und weniger in der Lage, soziale Verantwortung zu übernehmen. Stattdessen versuchen sie durch Macht und Reichtum oder, wenn das nicht geht, durch entsprechende Statussymbole innere Stabilität und materielle Unabhängigkeit zu erlangen. Dann ist nicht mehr die Liebe der Kitt, der Menschen zusammenhält, sondern Macht und Reichtum.

Welche Bedeutung wird die Familie in der Zukunft haben? Wird sie überleben?

Gerald Hüther meint: „Lange geht es so nicht mehr weiter. Wir sind auf dem besten Weg, all das, was unser Menschsein ausmacht, aufs Spiel zu setzen und uns wieder den Gesetzen des Urwaldes auszuliefern, aus dem wir kommen."[23]

Wahrscheinlich wird der Freundeskreis in Zukunft an Bedeutung für den Einzelnen zunehmen, ja fast zu einer Art zweiten Familie avancieren.[24] Doch Freundeskreise sind austauschbar, je nach Bedarf der jeweiligen Lebenssituation. Emotionale Bindung und Geborgenheit, soziale Unterstützung, Verantwortung und Hilfe in schweren Situationen sind nicht unbedingt von ihnen zu erwarten. Der Verlust von familiärer Bindung führt also zum Verlust an Geborgenheit und menschlicher Nähe.

Befindet sich die Familie als Institution sowie als Lebensform in der Krise, oder ändern sich nur unsere Denkmuster und Gestaltungsmöglichkeiten von Familie?

Immerhin lebten 1995 nach Angaben des Statistischen Bundesamtes noch 86 % aller minderjährigen Kinder unter 18 Jahren mit ihren leiblichen Eltern zusammen.[25] Von einem Bedeutungsverlust der Familie kann keine Rede sein, meint der Pädagoge Bruno Hamann. Allerdings befindet sich die Familie wie viele andere Gesellschaftsbereiche in einem Wandlungsprozess. Eine grundsätzliche Tendenz heute ist der Wunsch nach mehr Handlungsspielraum. Die Menschen wollen generell mehr Wahlfreiheit; sie wollen eigene Entscheidungen treffen und sich nicht kritiklos in bestehende Regeln einbinden lassen. Von diesem Trend ist natürlich auch die Familie betroffen. Trotzdem bleibt sie „eine fundamentale Erfahrung. Besonders hoch wird ihre Erziehungs- und Sozialisationsleistung gewertet".[26]

Auch die jüngste Shell-Jugendstudie stellt fest, dass Familie als Lebenskonzept bei Jugendlichen nach wie vor ganz vorne rangiert. Drei Viertel der Jugendlichen können sich eine spätere Heirat vorstellen. Fast jeder zweite befürwortet für sich die Lebensgemeinschaft einer Ehe. Materielle Gesichtspunkte spielen dabei kaum eine Rolle. Vielmehr wird die Familie als Ressource, als emotionaler Rückhalt, als Ort von Verlässlichkeit und Treue verstanden.[27]

In meiner Praxis erlebe ich sehr intensiv die zusammenhaltende Kraft des Familienverbandes. Meist sind es Familienmitglieder, die für uns Ärzte als Ansprechpartner zur Verfügung stehen, wenn bei einem Patienten eine Notsituation eintritt. Dabei handelt es sich durchaus nicht immer um nahe Angehörige, sondern mitunter ist es ferne Verwandtschaft, die diese Bindung spürt.

Und auch Menschen, denen es im bisherigen Lebensverlauf gar nicht gelungen ist, Familie zu leben, tragen häufiger als man denkt dieses Ideal einer intakten Kleinfamilie in sich.

Herr T. ist 33 Jahre alt und blickt auf fünf gescheiterte Beziehungen zurück. Vier Kinder hat er mit vier verschiedenen Frauen gezeugt. Zum ältesten Sohn, der 14 Jahre alt ist, besteht gelegentlich Kontakt. Eine Lehre zum Kfz Mechaniker hat Herr T. abgebrochen und in einer Firma als ungelernte Kraft gearbeitet. Momentan ist er arbeitslos. Seit kurzem hat er sich auf ein Verhältnis mit einer verheirateten Frau eingelassen. Er kommt zur Psychotherapie wegen einer Angststörung und Panikattacken. Wir sprechen über seinen bisherigen Lebensverlauf und darüber, was er sich für die Zukunft wünscht. „Ich wünsche mir eine hübsche kleine Familie mit einer lieben Frau und zwei bis drei Kindern."

So oder ähnlich höre ich es häufig von Menschen, die zur Psychotherapie kommen und eine Lebensgeschichte mitbringen, die alles andere aufweist als eine „hübsche kleine Familie".

Der Wunsch nach einer Kleinfamilie mit Kindern, Haus und Gartenzaun ist unter jungen Menschen in Deutschland weiter vorhanden, auch wenn der Lebensvollzug eine andere Sprache spricht. Das hat der Leipziger Soziologe Kurt Starke festgestellt.[28] „Nach wie vor nimmt die Familie einen vorderen Rangplatz in der Liste der Lebenswerte ein. Das bezieht sich zunächst auf die Herkunftsfamilie, der sich die meisten sehr verbunden fühlen, und dann auf die eigene Familie." Ist die Familie out? „Das ist absurd", meint Starke. „Sie ist da, einfach da, selbst wenn sie nicht da ist oder unvollkommen da ist. Und sie ist subjektiv ein erstklassiger Wert."[29]

3 Familie als System

3.1 WIE EIN MOBILE

Die Familie ist ein großartiges System, das ein ungeheures Potenzial an Lebensenergie freisetzen kann. Aber die Familie kann auch die Quelle von Selbstzerstörung und unendlichem Leid sein, wenn es nicht gelingt, dieses Potenzial sinnvoll zu nutzen.

Menschen geben oft ihr Bestes für die Familie und erreichen doch aufgrund vielfacher Verstrickungen nur eine zweitbeste Lösung.

So entwickelt die Tochter eine Bulimie, um das, was sie zum Kotzen findet, nicht da anbringen zu müssen, wo es hingehört. Sie will die angepasste liebe Tochter bleiben, denn die Liebe der Mutter will sie auf keinen Fall verlieren. Und Mutter hatte es ja sowieso schon so schwer, nachdem Vater sich von ihr getrennt hatte. Die Tochter wagt nicht, der Mutter ihre Wut und Aggressionen zuzumuten. Durch die Bulimie schützt sie Mutter vor Auseinandersetzungen und findet einen anderen Weg, Druck abzulassen. Sie mag sich jedoch gar nicht als kotzende und fressende Frau. Sie verabscheut sich selber, verliert an Selbstwertgefühl und richtet sich dabei langsam auch körperlich zu Grunde, wenn sich keine bessere Lösung für das Familienproblem findet. Einen noch höheren Preis zahlen junge Mädchen, die sich für die Magersucht entscheiden. Die Sterberate bei Anorexie beträgt immerhin um 10%!

Markus ist das vierte Kind einer alleinerziehenden Mutter. Ihre Kinder sind von drei verschiedenen Männern. Markus läuft so nebenher. Bis zu seinem achten Le-

bensjahr ist er bei der Oma aufgewachsen. Jetzt, bei der Mutter, interessiert sich keiner wirklich für ihn, er ist ein Außenseiter, auch in der Schule. Seine Zwillingsbrüder, zwei Jahre älter als er, scheinen dagegen unkompliziert und lebenstüchtig, auch die älteste Schwester kommt gut klar. Wenn sich überhaupt jemand um Markus kümmert, sind es die Zwillingsbrüder, sie sind sein großes Vorbild, aber andererseits hat er das Gefühl: An die reiche ich nie heran. Schulfahrten darf Markus nicht mitmachen, da das Geld knapp ist, nicht zuletzt wegen des hohen Zigaretten- und Alkoholkonsums der Mutter und ihres derzeitigen Lebensgefährten. Mit 15 Jahren nimmt Markus eine Überdosis Schlaftabletten. Die Schwester findet ihn, Nachbarn bringen ihn in die Klinik. Als er von dort entlassen werden soll und zu Hause anruft, um sich abholen zu lassen, lässt Mutter ihn wissen, dass sie keine Zeit habe und er mit dem Bus kommen solle.

Markus macht mit seinem verzweifelten Selbstmordversuch auf das Ungleichgewicht in seinem Familiensystem aufmerksam. Er „hängt durch" und droht ganz rauszufallen. Mit seinen Brüdern ist er zwar noch verbunden, aber sie sind oben, er ist ganz unten. Eigentlich müsste die Mutter – und auch der überhaupt nicht in die Verantwortung genommene leibliche Vater – etwas unternehmen, um das Familienmobile ins Lot zu bekommen, sodass Markus einen Platz finden könnte, an dem er sich wohl fühlt. Aber der Vater taucht erst gar nicht auf, und die Mutter bewegt sich nicht; alle Verantwortung wird an die Zwillingsbrüder delegiert, die damit überfordert sind. Vielleicht meint die Mutter, das Problem liege allein bei Markus; ein „schwieriges Kind". Doch „schwierige" Kinder treten nie isoliert auf, sie haben ihre Rolle im Familienverbund; das

Verhalten der anderen Familienmitglieder beeinflusst ihr Verhalten, aber ihr Verhalten „macht" auch etwas mit den anderen Familienmitgliedern. Auf diese Zusammenhänge hat schon einer der ersten Verfechter der Familientherapie in Deutschland, der Marburger Psychoanalytiker Horst Eberhard Richter, aufmerksam gemacht.[30]

Störungen machen Sinn. Das ist die Erfahrung, die wir in vielen Beratungsgesprächen machen. Störungen haben eine Funktion im gegenwärtigen Zusammenspiel aller Familienmitglieder und können ein Anstoß sein für eine Um- oder Neuorganisation des Systems. Denn die Familie ist wie ein Mobile, das sehr empfindlich auf Ungleichgewicht reagiert. Hängt ein Familienmitglied durch, gerät das ganze Mobile in eine Schieflage. Dann geraten auch andere an Plätze, die nicht angemessen für sie sind. Die Fäden, an denen die einzelnen Figuren hängen, verdrehen und verstricken sich dabei womöglich noch und erschweren eine freie Entfaltung.

Abbildung 1: *Ein Familiensystem ist wie ein Mobile*

Die Familie stellt ein komplex verschaltetes System dar, bei dem das Verhalten eines jeden unweigerlich Auswirkungen auf alle anderen Familienmitglieder hat.

Dieses Prinzip wird übrigens bereits im Neuen Testament anschaulich beschrieben: dort werden die Interaktionen in der christlichen Gemeinde mit dem Zusammenspiel der Gliedmaßen im menschlichen Körper verglichen: „Leidet ein Teil des Körpers, so leiden alle anderen mit, und wird ein Teil gelobt, freuen sich auch alle anderen." (1. Kor.12,26) Kein Individuum existiert unabhängig von den anderen. Wenn einer sich verändert, kommen wie bei einem Mobile alle Beteiligten in Bewegung.

Alle Familienmitglieder tragen zum Gleichgewicht des Mobiles bei. Dabei sind es in besonderer Weise die Kinder, die mitunter ungeheuer viel tun, um die Stabilität des Systems zu gewährleisten. Sie entwickeln Symptome, um andere Familienmitglieder zu entlasten oder von gravierenden Problemen abzulenken. Mitunter greifen sie zu extremen Mitteln und nehmen dafür eigenen Schaden und Verletzungen in Kauf. So zahlen sie nicht selten einen hohen Preis für ihre Anstrengungen. Aber sie tun es, weil sie tief in ihrem Inneren spüren, dass sie die Familie als Grundstein des Lebens für sich brauchen.

3.2 ENTSTEHUNG DER SYSTEMISCHEN THERAPIE

Bereits in den 50er Jahren haben Familienforscher in Palo Alto/Kalifornien unter Leitung von Gregory Bateson begonnen, Familien als Systeme zu verstehen, die durch Interventionen von Therapeuten zu steuern sind. In Deutschland bekannt wurde diese Denkweise v.a. durch Paul Watzlawik. Der

Schwerpunkt der Aufmerksamkeit richtete sich dabei nicht mehr auf die psychischen Prozesse eines Einzelnen, sondern auf die Kommunikation in seinem „System". Bahnbrechend für Europa wurde in den 70er Jahren ein Team um die Mailänder Familientherapeutin Selvini Palazzoli. Sie entwickelten einen Therapieansatz, der versucht, das Zusammenspiel der beteiligten Menschen so zu verändern, dass das problematische Verhalten seinen Sinn verliert und damit überflüssig wird. Die systemische Therapie war geboren. Sie basiert auf dem Denkmodell der Systemtheorie. Diese wurde ursprünglich nach dem Zweiten Weltkrieg für die Steuerungslehre technischer Systeme entwickelt. Nun übertrug man dieses Denkmodell auf Familien: Die Familie wurde als regelgeleitetes System angesehen, das nach bestimmten Spielregeln handelt und interagiert, wobei jede Handlung wieder auf die anderen zurückwirkt. „Es besteht ... guter Grund zu der Annahme, dass die Kausalität von Beziehungen zwischen Organismen ... kreisförmig ist und dass genauso, wie jede Ursache eine Wirkung bedingt, jede Wirkung ihrerseits zu einer Ursache wird und damit auf ihre eigene Ursache zurückwirkt."[31]

Wenn also alle Mitglieder eines Familiensystems sozusagen miteinander vernetzt sind, dann hat jede Äußerung eines Einzelnen Auswirkungen auf alle anderen. Aufgrund dieser Beobachtung erfand das Mailänder Team eine neue Art zu fragen, die seitdem das Herz der systemischen Therapie darstellt, das zirkuläre Fragen. Es ist eine Art Fragen um die Ecke, etwa wie Tratschen über einen anderen in dessen Gegenwart: Wenn Julia einen Wutanfall bekommt und ausrastet, was macht das dann mit den anderen Familienmitgliedern? Was denkt der Vater, wie sich Mutter dann fühlt und was beobachtet er an Mutters Verhalten? Bei der Antwort auf diese Frage erfährt 1. Julia etwas über die Bedeutung ihres Wutanfalls für die Mutter, 2. erfährt die Mutter etwas über die möglichen Absichten von Julia und 3. Mutter und Julia erhalten eine Deutung ihrer Beziehung aus der Sicht des Vaters. Diese Informationen können neue Ideen freisetzen und Denkprozesse im System in Gang bringen.

Der zunächst mehr technische Systembegriff wurde später abgelöst durch die Unterscheidung zwischen lebenden und nichtlebenden Systemen: Eine Beule an einem Auto wird auch nach drei Wochen noch da sein, wenn niemand sie repariert, eine Beule am Kopf eines Menschen wird nach drei Wochen nur noch da sein, wenn der betreffende Mensch mit dem Kopf immer wieder gegen die Wand rennt.[32] Kennzeichen lebender Systeme ist also: „Alles verändert sich, es sei denn, irgendwer oder -was sorgt dafür, dass es bleibt, wie es ist."[33] Wenn also ein Problem in einem lebenden System über einen längeren Zeitraum besteht, ist danach zu fragen, was hier getan wird, damit Veränderung nicht stattfindet. Welche Verhaltensmuster der Beteiligten verhindern, dass die vorhandenen Veränderungsmöglichkeiten zum Zuge kommen?

Verhalten ist nichts Starres, Unbewegliches, sondern tendiert prinzipiell zur Veränderung und braucht manchmal nur einen Anstoß dafür. Damit geht eine Sprachkultur einher, die in der systemischen Therapie sehr konsequent eingesetzt wird: Menschen zugeordnete Eigenschaften werden stets als aktives Tun beschrieben. Julia ist nicht jähzornig, sondern sie zeigt sich jähzornig. Maria ist nicht magersüchtig, sondern sie hat sich entschieden, wenig zu essen. Die scheinbar geringfügige Sprachveränderung impliziert einen massiven Bedeutungswandel: Menschen sind nicht von jeher und für immer „dickköpfig", „unzuverlässig", „geizig", sondern sie wählen aktiv ein Verhalten, das ihnen im jeweiligen Kontext sinnvoll erscheint. Sie haben jederzeit die Option, sich auch anders zu entscheiden.

Ein weiterer wichtiger Grundgedanke der systemischen Therapie ist die aus der Erkenntnistheorie stammende Idee des Konstruktivismus. Dahinter steht die Grundannahme, dass die Wirklichkeit von uns nicht ge-funden, sondern er-funden, dass sie konstruiert wird.

Nicht die Impulse, die unsere Sinnesorgane von der Umwelt aufnehmen, sind die Wirklichkeit, sondern die Interpretation und Verarbeitung dieser Impulse im Gehirn konstruieren unsere Wirklichkeit. Hören wir eine Symphonie von Beethoven, so treffen zunächst eine Vielzahl von Impulsen in Form von Nervenreizen auf unser Sinnesorgan Gehör ein. Der Musikeindruck selber mit seiner gesamten emotionalen Bandbreite wird erst im Gehirn durch komplexe Verschaltungen und Verarbeitungen erzeugt. Das kann bei dem einen zum Eindruck himmlischer Musik führen, bei dem anderen zum Eindruck einer Geräuschkulisse, die er am liebsten rasch abstellen würde. So schafft sich jeder seine individuelle Wirklichkeit, sein Konstrukt von Wirklichkeit.

Eine objektive Erkenntnis ist dem Menschen nicht möglich, da er selber immer Teil der Wirklichkeit ist, die er beschreibt. Max Frisch hat einmal gesagt: „Jeder Mensch erfindet sich früher oder später eine Geschichte, die er für sein Leben hält."[34] Dahinter steht die Ansicht, dass Menschen „ihrem Leben eine Bedeutung zuschreiben, indem sie ihre Erfahrungen zu Geschichten zusammenstellen, und dass diese Geschichten ihr Leben und ihre Beziehungen formen".[35] Max Frisch erzählt von einem Menschen, der sich selbst für einen Pechvogel hielt. „Die Erfindung, ein Pechvogel zu sein, ist eine der beliebtesten, denn sie ist bequem." Kaum ein Tag verging für diesen Mann, ohne dass er Grund hatte, zu klagen, „und tatsächlich, es stieß ihm immer etwas zu, was den anderen erspart bleibt". Doch dann passierte das Unglaubliche: Er gewann im Lotto. Der Mann aber „konnte es nicht fassen, dass er kein Pechvogel sei, wollte es nicht fassen und war so verwirrt, dass er, als er von der Bank kam, tatsächlich seine Brieftasche verlor." Max Frisch resümiert: „Und ich glaube, es war ihm lieber so, andernfalls hätte er sich ja ein anderes Ich erfinden müssen, der Gute, er könnte sich nicht mehr als Pechvogel sehen. Ein anderes Ich, das ist kostspieliger als der Verlust einer vollen Brieftasche, versteht sich, er müsste die ganze Geschichte seines Lebens aufgeben, alle Vorkommnisse noch einmal erleben und zwar anders . . ." [36]

Welche Geschichten regieren unser Leben? Welche Ereignisse werden erzählt und welche ausgelassen? Meist schildern Menschen in der Psychotherapie Problemgeschichten. Durch die Suche nach Ausnahmen können alternative Geschichten erfunden werden: „Wann haben Sie es das letzte Mal geschafft, Ihren Sohn selber dafür sorgen zu lassen, dass er pünktlich zur Schule kommt? Wie haben Sie es geschafft, ihm die Verantwortung für sein rechtzeitiges Aufstehen zu übergeben? Was haben Sie da anders gemacht? Und wer in Ihrer Familie hat sich am meisten darüber gewundert?"

Sprache beschreibt nicht nur Wirklichkeit, Sprache erzeugt auch Wirklichkeit. Menschen, die zur Psychotherapie kommen, neigen dazu, sich selbst abwertend und defizitär zu beschreiben, und je genauer der Therapeut diese Problemsicht erforscht, desto hoffnungsloser wird die gemeinsam konstruierte Wirklichkeit.

Systemische Therapeuten bevorzugen deshalb eine lösungsorientierte Sprache, die die Aufmerksamkeit des Hilfesuchenden auf seine Stärken und Ressourcen lenkt.

Schon in der Bibel finden wir übrigens die Aufforderung, die eigene Lebensgeschichte unter positiven Gesichtspunkten neu zu definieren: „Vergiss nicht, was er dir Gutes getan hat", heißt es in Psalm 103 (Vers 2). Mit anderen Worten: Deute deine Lebensgeschichte mal unter dem Aspekt, wo Gott dich bisher schon behütet oder dir geholfen hat und dein Leben zum Guten gefügt hat.

Frau M., die schon einige Zeit zur Therapie kommt, eröffnet das Gespräch: „Eigentlich sollte es mir der Lebenssituation entsprechend richtig gut gehen ..., tut es aber nicht ..." Im Verlaufe dieser Therapiesitzung legen wir das Augenmerk auf Dinge, die sie bereits geschafft hat. Wir suchen außerdem gemeinsam nach Möglichkeiten, sich Inseln der Erholung und der Geborgenheit im Alltag zu schaffen. Sie berichtet unter anderem davon, wie sie sich zusammen mit 50 anderen Interessenten für eine neue Arbeitsstelle beworben hat, und ausgerechnet sie bekam den Vertrag. Am Ende der Therapiestunde ist die Stimmung ganz anders, heiter und gelöst, und Frau M. sagt kopfschüttelnd: „Ich war ursprünglich hergekommen, um über meine Beschwerden zu reden, aber jetzt haben wir eigentlich nur darüber gesprochen, was ich gut kann."

„Je weniger über die Probleme geredet wird, desto besser ist das für die Lösung",[37] lautet zugespitzt eine Maxime der systemisch orientierten Psychotherapie. Lieber wird über das geredet, was der Klient bereits alles erfolgreich macht.[38]

Auch schwere Lebenserfahrungen werden eher unter dem Blickwinkel befragt, wie Menschen es geschafft haben, sie zu bewältigen. Man geht davon aus, dass jeder Mensch die Fähigkeiten besitzt, seine Probleme zu lösen, dass er diese Fähigkeiten nur aus irgendeinem Grunde hin und wieder nicht nutzt.

Systemische Therapie sieht sich also vorwiegend als Anstoß, die Selbstheilungskräfte lebender Systeme wieder zu aktivieren und ein Konstrukt zu entwickeln, mit dem man besser leben kann als mit dem alten Bild.[39]

Das Eigentliche passiert aus der Sicht des Therapeuten nicht in den Psychotherapiestunden, sondern zwischen den

Sitzungen.[40] Die Therapiestunde gibt lediglich Anregungen
oder Aufgaben, die der Patient für sich zu Hause lösen kann.
Deshalb sind die Abstände zwischen den einzelnen Stunden
viel größer als in den meisten anderen Therapien, manchmal
liegen vier bis sechs Wochen zwischen einer Stunde und der
nächsten. Insgesamt werden oft nicht mehr als acht bis zehn
Therapiestunden für nötig und auch nicht für nützlich gehalten.[41]

3.3 DER FAMILIENSTAMMBAUM

Jeder Mensch gehört im Laufe seines Lebens verschiedenen Systemen an: der Familie, der Clique, der Schulklasse,
dem Fußballverein, dem Kollegenteam, der Frauengruppe,
der Doppelkopfrunde, der Kirchengemeinde. Von wenigen
Ausnahmen abgesehen ist die Familie immer noch das einflussreichste System. Familie im weiteren Sinn besteht aus
den gesamten Verwandtschaftsbeziehungen mindestens
dreier Generationen.

„Das körperliche, soziale und emotionale Wohlbefinden
eines Familienmitglieds steht in einer tiefen wechselseitigen
Abhängigkeit vom Familiensystem; Veränderungen in einem
Teil des Systems schlagen sich in anderen Teilen nieder."[42]

Der Familienstammbaum (Genogramm) ist eine gute Möglichkeit, das komplizierte Netz der Familienbeziehungen auf
einfache Weise grafisch darzustellen.

Gerade bei komplexen Familienstrukturen ermöglicht der
Stammbaum einen raschen Überblick. Dabei sollten zunächst
nicht mehr als drei Generationen wiedergegeben werden.

Beim Arbeiten mit dem Stammbaum wird man verschiedene Beobachtungen machen. Oft erkennt man Parallelen und
Muster, die sich von Generation zu Generation wiederholen,

z. B. Berufe und Neigungen, besondere Begabungen, Krankheiten oder auch Sucht- und Abhängigkeitsstrukturen. Wesentlichen Einfluss auf die Entwicklung des Einzelnen hat auch die Geschwisterfolge. Wichtige Lebensereignisse, besondere Glücksfälle oder Schicksalsschläge, Krankheiten, Sterbedaten und -ursachen sowie Berufe lassen vielerlei Rückschlüsse und Hypothesen zu und geben Ratsuchenden und Therapeuten gute Anhaltspunkte zum konstruktiven Gespräch.

Genogramme werden besonders in der systemischen Familientherapie, aber auch zunehmend bei anderen Formen der Psychotherapie benutzt, um ein umfassendes Bild der jeweiligen Familienstruktur und ihrer spezifischen Probleme zu bekommen.

Im Folgenden finden Sie die häufigsten Symbole, die in einem Genogramm verwendet werden.

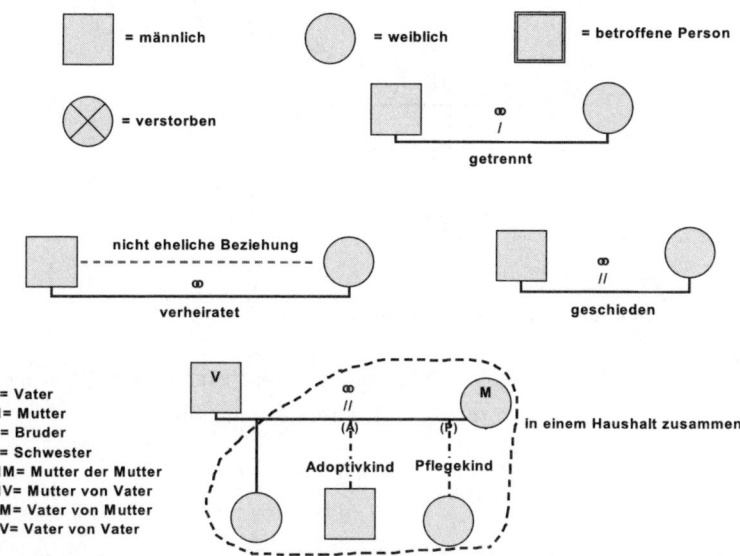

Abbildung 2: Symbolsprache des Genogramms

Der Stammbaum ist die grafische Darstellung einer Familie mit ihren Mitgliedern über mehrere Generationen. Quadrate stehen für Männer, Kreise für Frauen. Durchgehende Linien verbinden Verheiratete und leibliche Kinder mit ihren Eltern. Gestrichelte Linien stehen für nicht-eheliche Beziehungen oder für nicht-biologische Beziehungen wie zum Beispiel adoptierte Kinder oder Pflegekinder. Die betroffene Person, deren Familie aufgezeichnet wird, bekommt eine verstärkte Umrandung. Alle Familienmitglieder, die in einem Haushalt zusammen wohnen, kann man mit einer gestrichelten Linie einkreisen.

In den Quadraten bzw. Kreisen für den jeweiligen Mann oder die Frau kann man das Alter und das Geburtsjahr angeben.

Am besten beginnt man das Genogramm mit der betroffenen Person und zeichnet zunächst deren Eltern mit ein:

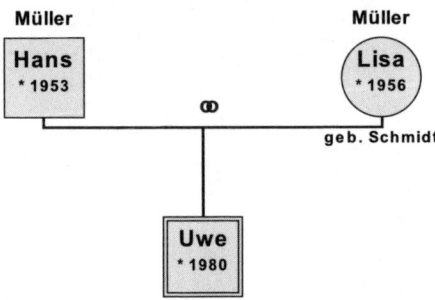

Abbildung 3: *Aufbau eines Genogramms*

Als nächstes zeichnet man die Geschwister dem Alter nach von links nach rechts in das Genogramm ein:

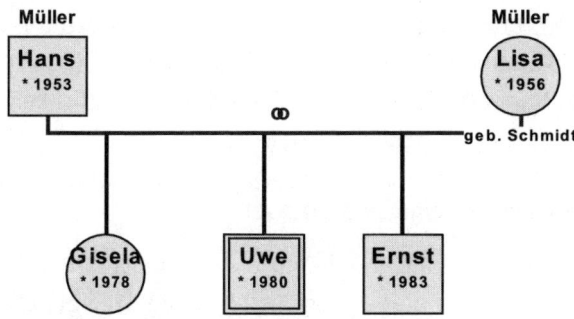

Abbildung 4: *Aufbau eines Genogramms*

Nun kann man die dritte Generation einfügen, das heißt die Großeltern des Betroffenen. Die Eltern des Vaters stehen über dem Vater und die Eltern der Mutter oberhalb der Mutter:

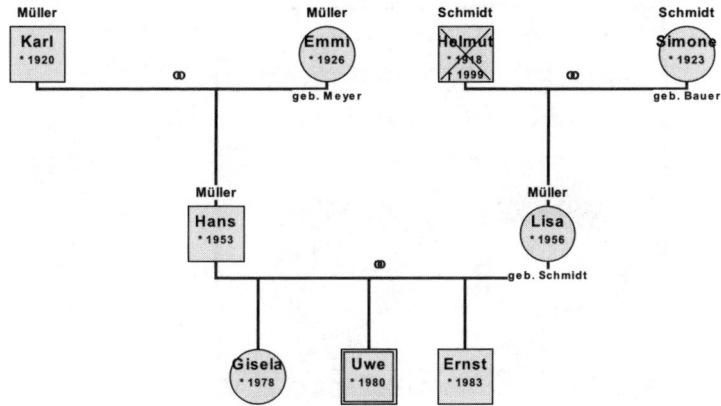

Abbildung 5: *Aufbau eines Genogramms*

In diesem Genogramm ist der Großvater mütterlicherseits 1999 verstorben.

Um das Drei-Generationen-Genogramm zu vervollständigen, kann man noch die Geschwister der Eltern einzeichnen.

Hilfreich ist es oft, wenn man neben die entsprechenden Personen ihre Berufe einträgt, chronische Krankheiten (z. B.

Diabetes), Sterbeursachen (besonders bei früh Verstorbenen) sowie andere schwer wiegende Ereignisse und Beson-
derheiten. Man sollte sich jedoch wegen der Übersichtlichkeit
auf wenige Grunddaten beschränken.

3.3.1 Geschwisterfolge als Schicksal

Geschwisterbeziehungen gehören zu den längsten Beziehungen im Leben und prägen dementsprechend. Weniger als
jedes fünfte Kind im Westen und jedes dritte Kind im Osten
Deutschlands wächst ohne Geschwister auf! Die Hälfte der
Kinder haben einen Bruder oder eine Schwester (im Westen
und Osten gleich) und etwa 30 % im Westen und 20 % im
Osten leben mit zwei und mehr Geschwistern zusammen.[43]

Abbildung 6: Geschwister gehören zu den längsten Beziehungen im Leben

Feste Gesetzmäßigkeiten in Bezug auf die Geschwisterkonstellation konnte man trotz vielfacher Untersuchungen
nicht nachweisen. Allerdings gibt es Tendenzen und auffal-
lende Züge, die sich häufig bei ersten, zweiten und dritten
Kindern finden lassen.

Erstgeborene Kinder sind oft von starkem Verantwortungsgefühl, Gewissenhaftigkeit und Fürsorge geprägt. Sie entwickeln nicht selten ein hohes Selbstwertgefühl, mitunter auch eine gewisse Überheblichkeit, und sie übernehmen gerne die Führung.

Abbildung 7: *Älteste übernehmen gerne die Führung*

Erste Kinder sind oft konservativ und bewahrend. Sie fühlen sich für das Wohlergehen der Familie in besonderer Weise verantwortlich und meinen, die Familientradition aufrechterhalten zu müssen. So neigt das erste Kind eher zum Gehorchen in Situationen, in welchen es eigentlich revoltieren möchte. „Es hat sein Antlitz nach zwei Seiten gerichtet: zu den Eltern als den Bewahrern der Vergangenheit und zu seinen Geschwistern als den Garanten der Zukunft ... So wird ein erstes Kind selten die sorglosen Freuden und Schönheiten der Kindheit erleben. Von Anfang an ist es mit dem Bewusstsein seiner selbst erfüllt und verliert dadurch die natürliche und unbeschwerte Art, die allen übrigen Kindern zu eigen ist. Erstgeborene sind wie die Pfeiler einer Brücke, über die die anderen hinwegschreiten. Darin liegt die besondere Aufgabe, die ihnen zugewiesen ist."[44] Einer amerikanischen Studie zufolge ergreifen Erstgeborene eher akademische Berufe und seltener künstlerische Berufe, um den Leistungserwartungen der Eltern gerecht zu werden.

Winston Churchill war in diesem Sinne ein typisches ältestes Kind. Er besaß ein feines Gespür für den eigenen Wert und ein hohes Verantwortungsbewusstsein. Sein Biograf Piers Brendon schreibt über ihn: „Churchills Persönlichkeit trug heroische Züge. Er besaß eine ungeheure Mischung aus Mut, Energie, Fantasie, Beharrlichkeit, Humor und Mitgefühl, aber auch aus Ehrgeiz, Ungeduld, Impulsivität, Besessenheit, Egoismus, Brutalität … Er sah sich selbst stets mit den Basiliskenaugen der Geschichte, als einen Mann des Schicksals, der seine Zeit beherrschte."[45]

Älteste Kinder sind u. a.: Friedrich Nietzsche, Wilhelm Busch, Sigmund Freud, Albert Einstein, Carl Gustav Jung, Steffi Graf und Boris Becker.

Leidet das älteste Kind oft darunter, sich durch besondere Leistung auszeichnen zu müssen, so ist das jüngste Kind häufig dadurch geprägt, dass es von den anderen umsorgt und verwöhnt wird. Es ist das Nesthäkchen. Dadurch entwickeln jüngste Kinder eine eher unbekümmerte Lebensweise, die mitunter chaotische Züge zeigen kann. Sie haben oft weniger Respekt vor Autoritäten und Konventionen. Dritte und jüngste Kinder fühlen sich aber auch häufig als Außenseiter. Sie wachsen erst langsam in die Gemeinschaft der beiden älteren Geschwister hinein. Um mitzuhalten, müssen sie kämpferische Züge entwickeln. Häufiger als Erstgeborene wählen jüngste Kinder künstlerische und kreative Berufe. Die Erwartungshaltung von Eltern an hohe Leistung ist ihnen gegenüber in der Regel nicht mehr so ausgeprägt. So jedenfalls erklären sich Forscher an der Ohio State University diese nicht selten zu beobachtende unterschiedliche Berufswahl.

George Bernard Shaw ist ein Beispiel für ein jüngstes Kind. Er war sogar der jüngste Sohn eines jüngsten Sohnes. Konventionen und Institutionen nahm er aufs Korn. Über vorgefundene Ordnungen machte er sich lustig und fand sie ei-

gentlich unnötig. Seine leicht chaotische unbekümmerte Lebensweise wurde schließlich in geordnete Bahnen geleitet,
als er Charlotte Payne-Townshend heiratete, ein ältestes
Kind, die seine Schludrigkeit kompensierte. „Charlotte wiederum heiratete George, weil seine Respektlosigkeit, Kreativität und Verantwortungslosigkeit sie faszinierte, gewiss
aber auch, weil sie jemanden suchte, um den sie sich kümmern konnte."[46] Älteste und jüngste Kinder können sich
durchaus gut ergänzen. George Bernard Shaws Ehe hielt 45
Jahre!

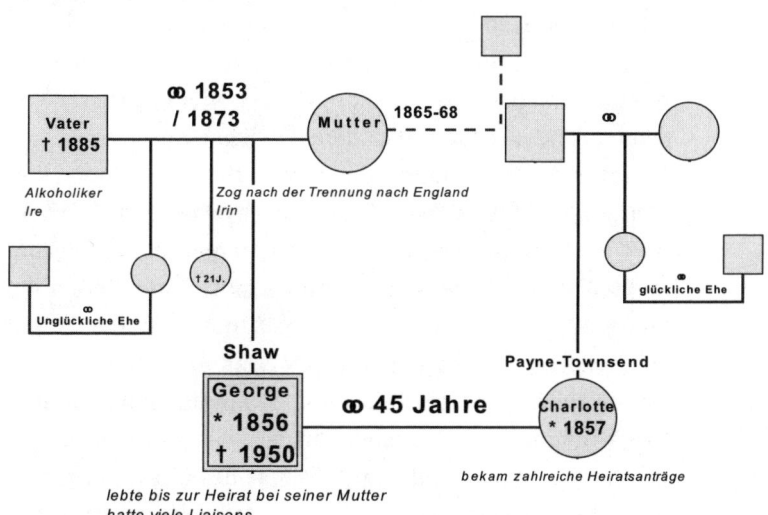

Abbildung 8: *Familienstammbaum George Bernard Shaw*

Dritte bzw. jüngste Kinder sind: Antoine de Saint-Exupéry,
Richard Burton, Elisabeth Taylor, Julia Roberts und Céline
Dion.

Ein mittleres Kind muss sich seine Rolle in der Familie
häufig erst erkämpfen, vor allem, wenn es das gleiche Ge-
schlecht wie das erste Kind hat. Es mag den Erwartungen, die
an älteste und jüngste Kinder gestellt werden, entgehen.

Dafür muss es sich aber oft anstrengen, um überhaupt be-
achtet zu werden. So wird es auch „Sandwich-Kind" genannt,
weil es zwischen einem älteren und einem jüngeren Ge-
schwisterkind aufwächst.

Ein vorbildliches erstes Kind, das mit glänzenden Eigenschaften aufwartet, kann bei dem zweiten Kind zur Folge
haben, das dieses aus lauter Verzweiflung und Minderwer-
tigkeitsgefühlen meint, bei diesem Rennen nicht mithalten
zu können. Dann gibt es auf und resigniert. Um seine Rolle zu
finden, wird es mitunter zu einem besonders auffälligen und
schwierigen Kind.

So tat sich zum Beispiel Kaspar Karl van Beethoven als
zweites Kind nach dem erfolgreichen Bruder Ludwig schwer,
seinen Platz im Leben zu finden.[47] Zeitweise arbeitete er als
Sekretär seines Bruders, dann versuchte er sich als Kla-
vierlehrer, folgte seinem Bruder nach Wien und arbeitete
dort als Kassenverwalter. Verdächtigungen, dass er Rechte
an Werken Beethovens mehrfach verkauft habe, ließen ihn
mit der Justiz in Kontakt kommen.[48] In den letzten Jahren
seines kurzen Lebens, er starb mit 42 Jahren an Tuberkulose,
war er auf die finanzielle Unterstützung durch den älteren
Bruder angewiesen. Erst dem drittgeborenen Bruder Johann
gelang es, unabhängig vom Erfolg seines ältesten Bruders
ein eigenes Lebenskonzept zu verwirklichen und darin Anerkennung zu bekommen. Er studierte Pharmazie und wurde
schließlich ein angesehener und wohlhabender Apotheker in
Wien.

Der Psychoanalytiker Alfred Adler, selber ein zweites Kind,
meint, dass das zweite Kind meist ein Rebell sei. Oft stachele
es die jüngeren Geschwister gegen den älteren auf. Das
zweite Kind setze sich leichter über Gepflogenheiten hinweg.
„Während der Älteste den Beruf des Vaters ergreifen wird
(das tat Adlers älterer Bruder, und auch Ludwig van Beetho-

ven wurde Musiker wie der Vater! Anmerkung der Autoren),
wird der jüngste vielleicht ein Leben als Künstler führen oder
... einen enormen Ehrgeiz entwickeln und sich zum Retter
der gesamten Familie aufschwingen. Das zweite Kind einer
Familie steht unter ständigem Druck von beiden Seiten: Es
versucht, den älteren Bruder auszustechen und hat Angst,
vom jüngeren überrundet zu werden."[49]

Übrigens kam es zu einem dauernden Zwist zwischen dem
erstgeborenen Sigmund Freud und dem zweitgeborenen Alfred Adler. Fast zehn Jahre arbeiteten sie zusammen. Dann
aber konnte Freud „in seiner tyrannischen Art nicht länger
das unbeschwerte Wesen Adlers ertragen."[50] Es kam zum
Bruch der beiden Väter der modernen Psychotherapie.

Bezeichnenderweise legte Adler in seiner Analyse der in-
dividuellen Entwicklung den Schwerpunkt nicht wie Freud auf
die sexuellen Triebe, sondern auf das Minderwertigkeitsge-
fühl als motivierende Kraft im menschlichen Leben. Minder-
wertigkeitsgefühle gegenüber dem älteren erfolgreichen
Bruder oder der Schwester scheinen ein Thema des zweiten
Kindes zu sein.

Aber das Zweitgeborene hat häufig auch besondere Fähigkeiten. Wenn es noch jüngere Geschwister hat, ist es ge-
wöhnt zu vermitteln. Oft sind zweite Kinder sehr diploma-
tisch. Sie haben auch ein feines Gespür für Gerechtigkeit,
denn sie vergleichen zwischen der Behandlung des Älteren
und der der jüngeren Geschwister. Und sie registrieren sehr
genau, wenn die jüngeren Geschwister verwöhnt und bevorzugt werden. Zweite Kinder sind nicht selten Kämpfer für
Gerechtigkeit und Gleichbehandlung.

Der Reformator Martin Luther war ein zweites Kind. Er war
ein Rebell und Kämpfer für Gerechtigkeit und reinen Glauben.
Martin Luther King, schwarzer Bürgerrechtler aus Amerika,
war ebenfalls ein zweites Kind. Er setzte sich ein für soziale

Gerechtigkeit und Gleichstellung der Schwarzen. Ein zweites Kind war auch Thomas Mann.

Einzelkinder neigen zu größerer sozialer Unabhängigkeit als Kinder mit Geschwistern. In der Regel bekommen sie die ungeteilte Aufmerksamkeit der Eltern, da sie ja der einzige Nachwuchs sind. Oft trifft sie aber auch die übergroße Ängstlichkeit der Eltern, die alles tun wollen, damit ihrem einzigen Kind nichts passiert. Einzelkinder verbringen in ihrer Kindheit mehr Zeit mit Erwachsenen als Geschwisterkinder. „Sie orientieren sich in der Regel weniger stark an ihren Altersgenossen, benehmen sich im frühen Alter schon eher wie Erwachsene und neigen, nach all der Aufmerksamkeit und dem Schutz, der ihnen durch ihre Eltern zuteil wurde, gelegentlich zur Ängstlichkeit."[51]

Allerdings hat sich da in den vergangenen Jahrzehnten auch ein Wandel vollzogen. Die meisten Kinder wachsen ja nicht mehr ausschließlich im Geschwisterkreis und in dem begrenzten Raum der Familie auf. Vielmehr gehören heute von der frühen Kindheit an eine Vielzahl sozialer Begegnungsstätten zum Lebensumfeld des Kindes. Kaum ein Kind wächst in unserer Gesellschaft noch ohne Anbindung an einen Kindergarten auf. Schule wird mancherorts zur Ganztagsschule und geht bis in den Nachmittag. So gibt es gerade für die zunehmende Zahl von Einzelkindern viele Möglichkeiten der sozialen Kontaktaufnahme mit gleichaltrigen Kindern. Aber im Unterschied zu Geschwisterkindern müssen Einzelkinder sich selber erst um diese Kontaktaufnahmen bemühen. Dadurch lernen sie aber auch früh, Kontakte herzustellen.

In der Familie besitzt das Einzelkind eine Sonderstellung. Es ist eben der einzige Nachwuchs. Daher ist es nicht verwunderlich, dass Einzelkinder häufig engere Beziehungen zu ihren Eltern und besonders zu ihrer Mutter haben. Diese

bleiben nicht selten ein Leben lang bestehen, oft zum Kum-
mer des späteren Lebenspartners. Einzelkinder haben früh
gelernt, alleine Entscheidungen zu treffen und Verantwortung dafür ungeteilt zu übernehmen.

Berühmte Einzelkinder sind: Leonardo da Vinci, Franklin
Roosevelt, Erich Kästner, die Schauspieler Leonardo DiCaprio
und Tom Cruise.

3.3.2 Haushaltszusammensetzung

In einem Genogramm lässt sich rasch erkennen, wer zusammengehört und auch zusammenlebt. Da gibt es die klassische Kernfamilie, eine Familie mit alleinerziehendem Vater
oder Mutter, die Dreigenerationenfamilie sowie die „multi-
nukleare" Familie, d. h. die Familie mit mehreren Kernen.

Die klassische Kernfamilie besteht aus Vater und Mutter
mit ihren leiblichen Kindern. Dieses Familiensystem ist lange
Zeit die typische traditionelle Familie in unserem Kulturkreis
gewesen, allerdings mit abnehmender Tendenz.[52] Dafür finden sich Familien mit einer alleinerziehenden Mutter oder
Vater immer häufiger. Sie haben ihre spezifischen Probleme.
Wie wirkt sich der Verlust eines Elternteils auf die verschiedenen Familienmitglieder aus? Ganz abgesehen von vielen
praktischen Problemen des Alltags, z. B. wenn die alleinerziehende Mutter keinen findet, der auf ihr dreijähriges Töch-
terchen aufpasst und sie das Kind schließlich mit in die Therapiesitzung bringen muss.

Der Drei- und Mehrgenerationenfamilie begegnet man
heute seltener:[53] Die Oma oder der Opa oder beide leben mit
im Haushalt oder im Haus. Diese Familienform entstammt der
traditionellen Großfamilie. Das Zusammenleben mit der
Schwiegerfamilie verursacht erfahrungsgemäß erhebliche
Probleme. Das gilt zumindest im Kontext unserer westlichen
Gesellschaftsform.

Viele Kinder leben heute in Patchwork-Familien, sie gehören also unterschiedlichen Familienstrukturen gleichzeitig
an. Das ist zum Beispiel der Fall, wenn die Eltern getrennt
leben. In der Woche sind die Kinder möglicherweise bei der
Mutter und am Wochenende beim Vater, und der hat vielleicht
bereits eine neue Familie mit Stiefgeschwistern. Oder die
Kinder leben in einer Stieffamilie. Vater und/oder Mutter
haben neue Ehen geschlossen und die entsprechenden Kinder
aus der vorhergehenden Ehe mitgebracht.

Immer mehr Kinder in unserer Gesellschaft leben in größeren Netzwerken mit verschiedenen Haushalten. In einem
Genogramm lassen sich auch solche komplexen Familienstrukturen sehr schön darstellen, um einen ersten Überblick
über die bestehenden Beziehungen zu bekommen. Ein Beispiel für ein komplexes Beziehungsnetzwerk ist die Familie
von Jakob und Josef aus dem Alten Testament (vgl. Abb. 29).

3.3.3 Wiederholende Muster in Familiensystemen

Familienmuster werden nicht selten von einer Generation
zur anderen weitergegeben. Ähnliche Lösungsstrategien,
aber auch Probleme wie Alkohol, Sucht oder Aggressivität
können sich von Generation zu Generation weiter „vererben".
Schließlich lernt man in erster Linie am Vorbild und wird
durch das geprägt, was man als Kind bei seinen nächsten
Bezugspersonen beobachtet. Im Genogramm wird man mit
diesen Wiederholungen anschaulich konfrontiert. Ziel ist es,
ein besseres Verständnis für die aktuelle Situation zu entwickeln, um dann eigene, evtl. alternative Lösungsmöglichkei-
ten zu finden.

*Frau A. kam zur Psychotherapie und eröffnete das erste
Gespräch mit dem Satz: „Ich glaube, ich muss an meinem
schiefen Bild, das ich von Männern habe, arbeiten."*

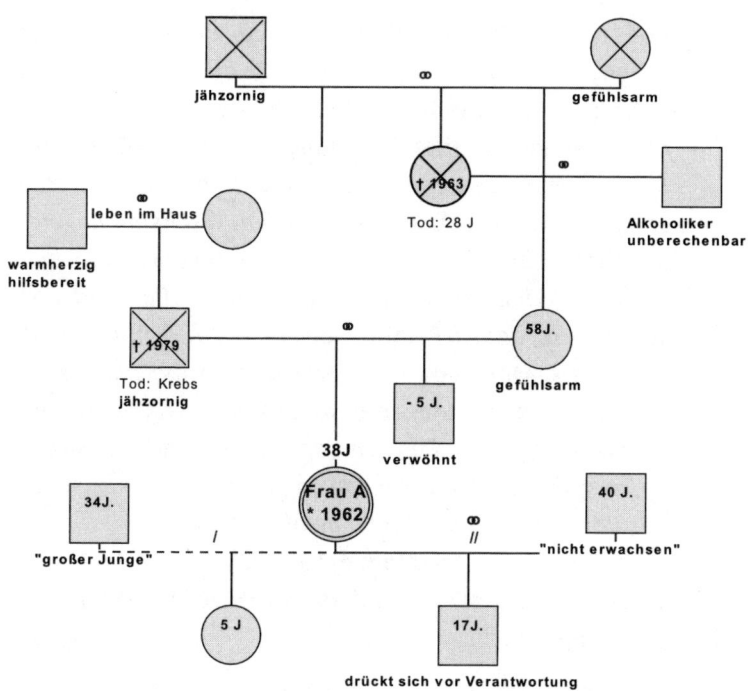

Abbildung 9: *Familie von Frau A.: Was ist mit den Männern los?*

Schauen Sie sich einmal in ihrem Familienstammbaum die Männer an. Entweder werden sie als jähzornig, aggressiv und Quelle der Angst beschrieben, oder sie werden von Frau A. als „große Jungen, die nicht erwachsen werden wollten" charakterisiert, oder sie waren Alkoholiker. Es liegt nahe, dass Frau A. Schwierigkeiten mit ihrem Männerbild hat.

Nach einigen Therapiestunden betrachteten wir den Familienstammbaum noch einmal gemeinsam. Wir fragten uns: Wo gibt es vielleicht doch kleine Ansätze eines anderen Männerbildes? Als Kind hatte Frau A. sich immer gewünscht, dass Vater mal hinter ihr stehe, für sie einstehe und sie lobe. Das kam nie vor, und selbst Mutter erlebte sie als gegen sich gerichtet. Mutter habe eben auch Angst vor Vater gehabt. Aber da war noch der Opa väterlicherseits, der im Hause wohnte. Der habe auch warmherzige und beschützende Züge gehabt. Einmal habe sie beim Ballspielen eine Fensterscheibe getroffen. Wahnsinnige Angst überfiel sie bei dem Gedanken, dass Vater die zerbrochene Fensterscheibe am Abend sehen würde. „Der wird mich verprügeln, dass ich drei Tage nicht zur Schule kann", dachte sie. Mutter drohte: „Warte, bis Vater nach Hause kommt." Aber der Großvater legte seinen Arm beruhigend um sie und sagte: „Das kann doch jedem mal passieren." Er wechselte noch am Nachmittag die Scheibe aus, sodass das Donnerwetter am Abend gemäßigt ausfiel.

Ich unterhalte mich mit Frau A. über ihren Großvater. Vielleicht kann der uns helfen, ihr verzerrtes Männerbild ein wenig zurecht zu rücken.

Beim Familienstammbaum von Ludwig van Beethoven gibt es eine Linie über die großmütterliche und väterliche Seite bis zu einem Neffen in zweiter Generation, wo eine wenig lebenstüchtige Seite gelebt wurde:

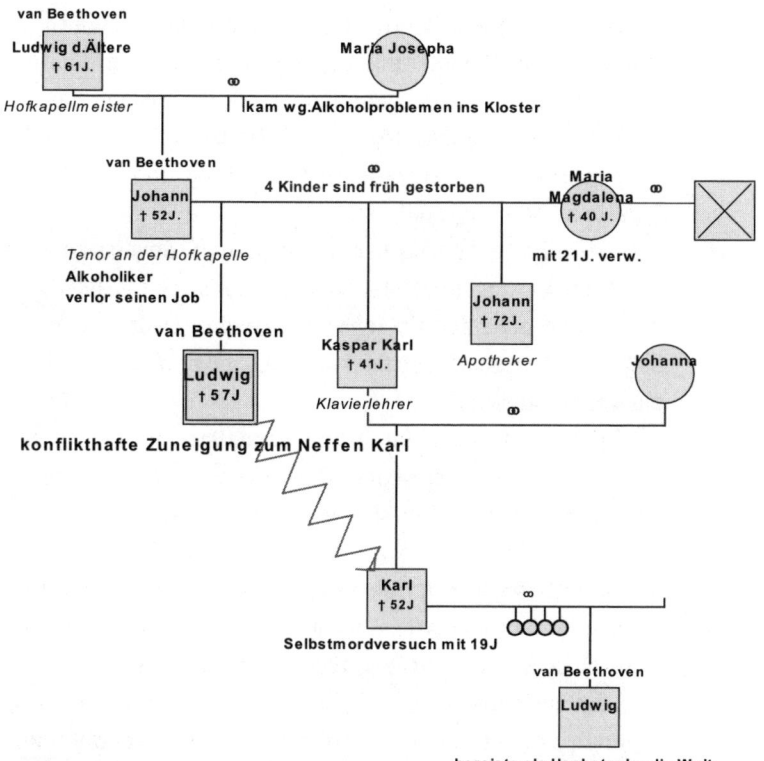

Abbildung 10: *Familie Ludwig van Beethoven*

Nach dem Tod der Mutter lastete die ganze Verantwortung für die Familie auf Ludwigs Schultern.

Dennoch spielte der Vater für den musikalischen Werdegang seines Sohnes eine nicht unerhebliche Rolle. Er besorgte Ludwig gute Lehrer, als er merkte, wie musikalisch er war. Früh lernte das Kind Klavier, Geige und Orgel spielen.

Hatte er die musikalische Begabung vom Vater und vom Großvater geerbt, so wird er die Lebenstüchtigkeit und seine hartnäckige Kämpfernatur gegen Krankheit und widrige Lebensumstände von seiner Mutter und seinem Großvater Ludwig mitbekommen haben.

Sowohl Ludwig van Beethovens Vater wie auch seine Großmutter waren alkoholkrank. Ludwig musste den Vater mitunter aus dem Wirtshaus holen und ihn einmal aus den Händen
der Polizei befreien, weil er über die Maßen getrunken hatte.
Schließlich verlor der Vater seine Stellung und konnte die
Familie nicht mehr ernähren.

Der Großvater Ludwig war für den jungen Ludwig sicher ein
wichtiger Bezugspunkt, der seinen Lebensweg mit bestimmt
hat. Er war offenbar ein sehr lebenstüchtiger und praktisch
begabter Mensch. Neben der Musik betrieb er Weinhandel und
ein Geldleihgeschäft.

Die Mutter Beethovens, Maria Magdalena, wird als ernst-
haft und fleißig beschrieben. Beethovens Mutter war bereits
mit 21 Jahren Witwe, als sie seinen Vater heiratete. Vier ihrer
sieben Kinder verlor sie kurz nach der Geburt. Die finanziellen
und familiären Schwierigkeiten, die der Alkoholismus ihres
Ehemannes verursachte, einschließlich des Arbeitsverlustes,
lasteten schwer auf ihr. Dennoch gab sie bei allem Belastenden, das sie im Leben erfuhr, nicht auf und war für Ludwig der
ruhende Pol, bei dem er immer Schutz und Geborgenheit
fand.

Was konnte der Sohn von seinen Eltern lernen? „Du darfst
nie aufgeben, auch wenn die Umstände noch so schwierig
sind." Das kann der Sohn von der Mutter lernen.

„Resigniere, es hat doch alles keinen Sinn. Betäube dich
mit Alkohol und mach die Augen zu vor der Wirklichkeit." Das
ist der Lebensweg vom Vater und auch der Großmutter väterlicherseits.

Als Beethoven bereits mit etwa 30 Jahren erste Symptome
seiner späteren Taubheit bemerkte, geriet er in eine Lebenskrise. Zur gleichen Zeit zeigte sich eine weitere Krankheit, an
der er bis zuletzt litt. Es ist ein Darmleiden mit wechselnden
Durchfällen. In dieser Lebenskrise wog er in einem Brief an

seinen Jugendfreund und Arzt Franz Wegelers die beiden Lebensentwürfe der Eltern ab: Resignation oder Kampf?

Der damals 31-Jährige schreibt: „Nur hat der neidische Dämon, meine schlimme Gesundheit, mir einen schlechten Stein ins Bett geworfen, nämlich: mein Gehör ist seit drei Jahren immer schwächer geworden, und das soll sich durch meinen Unterleib, der schon damals, wie Du weißt, elend war, hier aber sich verschlimmert hat, indem ich beständig mit einem Durchfall behaftet war und mit einer dadurch außerordentlichen Schwäche, ereignet haben ... Ich kann sagen, ich bringe mein Leben elend zu, seit zwei Jahren fast meide ich alle Gesellschaften, weil's mir nicht möglich ist, den Leuten zu sagen: Ich bin taub ... Ich habe schon oft den Schöpfer und mein Dasein verflucht, Plutarch hat mich zu der Resignation geführt, ich will, wenn's anders möglich ist, meinem Schicksal trotzen, obschon es Augenblicke meines Lebens geben wird, wo ich das unglücklichste Geschöpf Gottes sein werde ..." [54]

Beethoven wählte nicht des Vaters Lebensentwurf der Resignation. Vielmehr nutzte er die Kraft, die die Mutter ihm mitgegeben hatte, und orientierte sich an ihrem Vorbild. Er wählte den Kampf, der dem Schicksal trotzt. Sich trotz äußerer widriger Umstände den Lebenswillen nicht nehmen zu lassen, das hatte Ludwig von seiner Mutter mitbekommen.

So gelang es ihm, sein großartiges musikalisches Lebenswerk zu schaffen, ohne das die Welt um vieles ärmer wäre.

Dass diese Befreiung nicht allen Mitgliedern der Familie gelang, zeigt das Schicksal von Beethovens Bruder Karl und dessen männlichen Nachkommen. Diese hatten alle große Schwierigkeiten, im Leben zurechtzukommen.

3.3.4 Zusammentreffen wichtiger Lebensereignisse

Im Familienstammbaum achten wir auf zeitliche Zusammenhänge von Ereignissen. Da sind zwei Schwestern gleichzeitig schwanger. Die eine bekommt ein gesundes Kind, die andere entbindet kurze Zeit später und stirbt bei der Geburt, auch ihr Baby stirbt. Es ist unschwer vorzustellen, dass die Freude über ein gesundes Kind bei der ersten getrübt ist durch den tragischen Tod der Schwester und ihres Babys. Warum darf das eine Kind leben und sein Vetter muss früh sterben? Warum darf die eine Schwester ein gesundes Kind zur Welt bringen, während die andere infolge der Geburt stirbt? Diese Fragen drängen sich auf und begleiten nicht selten diejenigen, die am Leben bleiben. Systemisch betrachtet haben solche zeitlich zusammenhängenden Ereignisse immer Einfluss auf die gesamte Entwicklung im Familiensystem. Sie sind nicht nur Quelle von unglückseligen Verstrickungen, sondern können auch neue Perspektiven eröffnen.[55]

3.4 FAMILIENAUFSTELLUNGEN

Als sehr hilfreich hat es sich erwiesen, Familiensysteme bildlich und gegebenenfalls räumlich darzustellen. Dabei werden oft zentrale Konflikte sichtbar, es zeigen sich aber auch Lösungen.

Eine in der letzten Zeit zunehmend genutzte Methode ist die Familienskulptur. Dafür benötigt man eine ganze Familie oder eine Gruppe sowie einen größeren Raum. Familienmitglieder oder stellvertretend für sie Gruppenmitglieder werden im Raum verteilt hingestellt, und zwar entsprechend dem inneren Bild, das der Betroffene von seiner Familie und ihren

Beziehungen und Konflikten hat. Wenn jedes Familienmitglied bzw. jeder Stellvertreter an seinem ihm zugeordneten
Platz steht, werden die einzelnen Teilnehmer der Aufstellung
gefragt, wie sie sich in ihrer Position fühlen. In weiteren
Schritten wird versucht, eine Lösung zu finden für diejenigen, denen es an ihrem Platz nicht gut geht. Meist verändert
sich dabei das ganze Gefüge und kommt in Bewegung. Diese
stark symbolhaften Handlungen und Bilder geben den Betroffenen wichtige und meist nachhaltige Hinweise, in welche Richtung sie für die Lösung ihrer Probleme gehen müssen
(vgl. auch das folgende Kapitel „Familienaufstellungen nach
Hellinger").

Wir bevorzugen die Aufzeichnung eines Familienstammbaums und die Arbeit mit dem Familienbrett. Der Vorteil ist,
dass man für diese Methoden keine Gruppe benötigt und sie
sehr gut in der Arbeit mit Einzelnen einsetzen kann. Der oder
die Betroffene stellt seine Familie auf einem Holzbrett von
etwa 50 x 50 cm auf. Eckige Holzfiguren stehen für Männer,
runde für Frauen und entsprechend kleinere Figuren für die
Kinder. Jede Holzfigur hat einen bunten Punkt, der das Gesicht symbolisieren soll, denn es ist wichtig zu wissen, wer in
welche Richtung schaut.

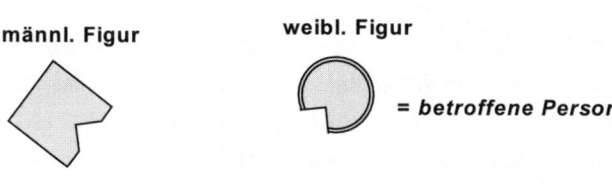

männl. Figur

weibl. Figur

= *betroffene Person*

**Kerbe gibt die
Blickrichtung der Person
wieder**

Abbildung 11: Symbole zur Darstellung von Familienaufstellungen

Beim Betrachten und Besprechen der Aufstellung ergeben sich oft überraschende neue Einsichten. Was im Gespräch zuweilen blass und nebulös bleibt, wird hier bildlich in eindrucksvoller Weise verdichtet und auf zentrale Punkte reduziert.

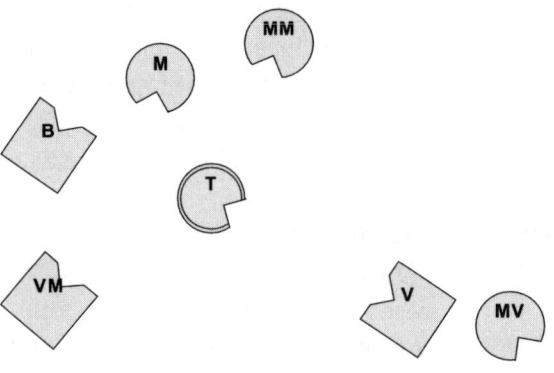

VM=Vater der Mutter   MM=Mutter der Mutter   MV=Mutter des Vaters   T=Tochter   B=Bruder

Abbildung 12: *Tochter zwischen Mutter und Vater*

In der Abbildung sieht man auf einen Blick, dass die Tochter sich zwar in die Nähe der Mutter und deren Familie gestellt hat. Aber sie ist die Einzige aus der Familie, die den Vater im Blick hat. Der Vater steht am Rande des Brettes. Mutter und Vater sind geschieden.

Auch der Bruder will mit seinem Vater nichts mehr zu tun haben. Mutter spricht schlecht von Vater. Vater ist das schwarze Schaf. Nur die Tochter fühlt sich berufen, etwas zu tun, um den Vater wieder ins Familiensystem hineinzuholen. Wie wäre es, wenn die Tochter „aus der Schusslinie" ginge? Würden Vater und Mutter dann ihre Probleme miteinander selber regeln? Und wo wäre ein guter Platz für die Tochter? In ihrer jetzigen Position fühlt sie sich zwischen allen Stühlen und nirgends richtig zugehörig.

Emotionale Nähe und Distanz zwischen Familienmitgliedern drücken sich in erster Linie durch räumliche Nähe oder
Distanz auf dem Brett aus. Auch verstorbene Familienmitglieder gehören dazu. Wer wird vergessen? Wer steht am
Rand? Wer guckt weg? Gibt es Raum genug für jeden? Wer
steht „dazwischen"? Wer steht an einem Platz, wo er nicht
hingehört? Diese und viele andere Fragen können zusammen
mit dem Therapeuten erarbeitet werden.

Es lassen sich verschiedene Situationen aufstellen:
- Aufstellung der Familiensituation, wie man sie als Kind
  erlebt hat (Ursprungsfamilie)
- Aufstellung einer typischen Konfliktsituation.
- Aufstellung des gegenwärtigen Familiensystems.

Mit Hilfe des Therapeuten wird versucht, ein anderes Bild zu
finden, in dem jeder einen guten, ihm angemessenen Platz
hat. Das kann neue Impulse in Richtung einer Lösung geben.

Aufstellungen elementarisieren, sie stellen komplexe
Sachverhalte einfach dar. Gerade darin liegt ihr Reiz. Das
Problem und seine Lösung wird auf wenige wesentliche
Punkte reduziert. Es wird überschaubar. Die einfachen Bilder
haften im Kopf und in der Seele. Sie wirken oft lange nach
und führen zu mehr Klarheit und verändertem Verhalten.

Man kann natürlich nicht nur Familien aufstellen, sondern
auch andere Systeme.

*Herr B. kam wegen Mobbings an seinem Arbeitsplatz. Er
war Sachbearbeiter in einer Versicherung. Mit ihm zusammen arbeiteten noch drei weitere Kolleginnen und ein
Kollege, von denen er sich in letzter Zeit zunehmend
schlecht behandelt und ausgegrenzt fühlte. Nach mehreren Gesprächen ließ ich ihn sein Arbeitsplatzsystem aufstellen. Er stellte seine vier Kollegen zusammen, ließ dazwischen eine Lücke und stellte dann in einer weiteren*

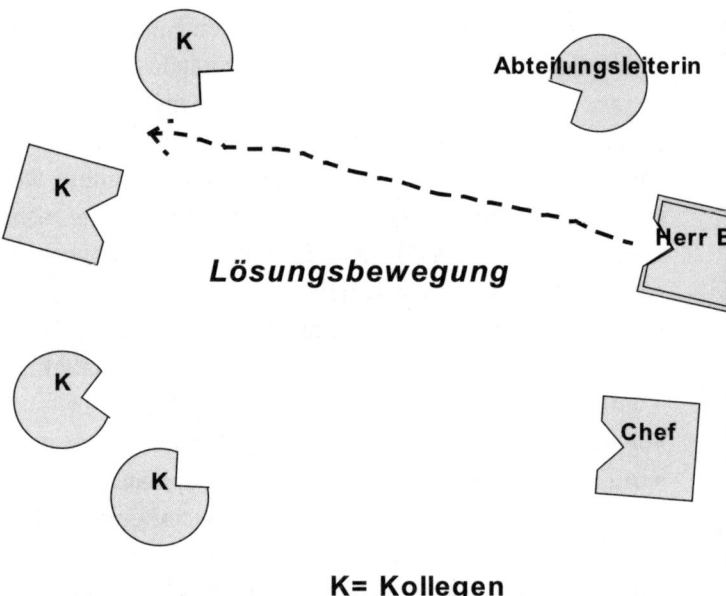

K= Kollegen

Abbildung 13: *Konfliktsituation am Arbeitsplatz: „Mobbing''*

Gruppe seinen Chef, die Abteilungsleiterin und sich selber
auf. Tatsächlich fühlte er sich kompetenter als seine Kol-
leginnen und als der Kollege und sah sich innerlich neben
seiner Abteilungsleiterin und dem Chef. Herrn B. selber
wurde anhand dieser Aufstellung klar, dass die Kollegen
auf ihn böse werden mussten, weil er sich einen Platz
anmaßte, der ihm nach der Rangordnung in dem Betrieb
nicht zustand. Er erkannte, dass die Lösung für sein Prob-
lem nur darin liegen konnte, dass er sich neben seine
Kollegen stellte – jedenfalls, wenn er seinen Arbeitsplatz
in der derzeitigen Form behalten wollte.

3.5 PROPHETISCHE SCHAU(DER): FAMILIENAUFSTELLUNGEN NACH BERT HELLINGER

Einen eigenen Ansatz systemischer Familientherapie vertritt Bert Hellinger. Der 1925 geborene, frühere katholische Ordenspriester hat seit Anfang der 90er Jahre eine rasante Karriere gemacht. Erste Veröffentlichungen über Hellinger erschienen 1993.[56] Innerhalb kürzester Zeit gab es einen regelrechten Hellinger-Boom. So begeistert seine immer größer werdende Gefolgschaft ist, so heftig wird er auf der anderen Seite kritisiert. Hellinger polarisiert, er erzeugt leidenschaftliche Gefühle sowohl bei Anhängern als auch bei Gegnern. Systemische Schulen haben sich gespalten in Pro-Hellinger- und Anti-Hellinger-Fraktionen. Werden von den einen seine Beobachtungen geradezu als Offenbarung gefeiert, vergleichen ihn andere mit der wahrsagenden Hexe auf dem Jahrmarkt. Was er tue sei Religion, nicht Wissenschaft, heißt es.[57]

Hellinger tritt tatsächlich mit einer Art prophetischem Anspruch auf. Er behauptet von sich, er „sehe" bei seinen Patienten die Wurzel des Problems und er sehe dessen Lösung. Er erwartet Zustimmung und Gehorsam, ist aber, jedenfalls im Rahmen von Therapiesitzungen, nicht bereit, über seine Ideen zu diskutieren. „Jemand sagt etwas, und bei mir formt sich innerlich ein Bild des Systems. Auf einmal sehe ich, wo die Wucht ist. Wenn ich dann zweifle und eine hypothetische Frage stelle, verschwindet das Bild. Jede Frage, die du an das Bild stellst, bringt das Bild zum Verschwinden und nimmt dir und dem anderen die Kraft zum Handeln."[58] „Es ist ein Schauen, das über das Phänomen, also über das, was gerade erscheint, hinausgeht."[59] Man fühlt sich an die Visionen alttestamentlicher Propheten erinnert. Auf jeden Fall klingt es geheimnisvoll und hat etwas magisch-mystisches, wenn einer für sich in Anspruch nimmt, mich ganz und gar zu durch„schauen". Es hat aber auch mit Macht zu tun, wenn nicht sogar mit Allmacht.

Hellinger arbeitet in Gruppen mit Familienaufstellungen, ein Verfahren, das nicht von ihm erfunden wurde und auch von vielen nicht an ihm orientierten Therapeuten genutzt wird. Seine Besonderheit ist, dass er mit seiner spezifischen Art der Aufstellung in nur einer Sitzung „heilt". Oft führt er Demonstrationen in Großseminaren mit bis zu 500 Personen vor. Zu Recht monieren Kritiker, dass hier Phänomene der Massenpsychologie wirksam werden, mit extrem hohem emotionalem Druck, Abhängigkeit und Angst vor Blamage.[60]

Zu solchen Seminaren können Psychotherapeuten ihre besonders schweren Fälle mitbringen. Der Betroffene stellt dann *coram publico* seine Herkunftsfamilie oder seine Gegenwartsfamilie auf, indem er aus der Gruppe Stellvertreter auswählt, z. B. für den Vater, die Mutter, frühere Partner von Vater oder Mutter, Schwester, Bruder, evtl. früh verstorbene Geschwister und sich selber. Entsprechend seines inneren Bildes von den Beziehungen der Familienmitglieder zueinander werden die Stellvertreter im Raum verteilt. Die ganze Gruppe erfährt nur Grunddaten aus der Familie, z. B. ob jemand gestorben ist, ein Kind abgetrieben wurde, es frühere Partner gab, der Kontakt zu jemandem abgebrochen ist oder ob es schwere Schicksalsschläge gab.

In einem zweiten Schritt äußern die Stellvertreter, wie es ihnen in ihrer Position geht. Dabei ist es beeindruckend zu erleben, wie sie nicht selten ohne viel Vorinformation durch die bloße Aufstellung Gefühle und Symptome entwickeln, die das problematische Gefüge und die Dynamik der entsprechenden Familie sehr gut abbilden und oft genau auf den Punkt bringen. Womöglich wirkt hier eine Art kollektives

Unbewusstes. Wer das zum ersten Mal erlebt, für den grenzt es fast an Zauberei.

Als drittes versucht Hellinger für die Personen in der Aufstellung, die sich nicht wohl fühlen, einen besseren Platz zu finden, bis schließlich über mehrere Zwischenstufen ein Lösungsbild gestellt wird, in dem es allen gut geht. Dabei geht Hellinger davon aus, dass es so etwas wie eine „Ursprungsordnung" gibt, nach der z. B. „das Frühere in einem System Vorrang hat vor dem Späteren".[61] Eltern haben also Vorrang vor Kindern, Erstgeborene vor Zweitgeborenen, Kinder aus einer ersten Ehe eines Mannes haben Vorrang vor seiner zweiten Partnerin.

Bei Störungen im System hat häufig einer einen Platz eingenommen, der ihm nicht zusteht, z. B. ist ein Kind an Stelle von Vater oder Mutter getreten. Das ist „Anmaßung". Wichtig ist auch, dass Verstorbene oder Ausgestoßene ihren „Platz" im System bekommen, weil sonst ein anderer aus der Familie deren Rolle übernimmt, „identifiziert" ist. Die „Ordnung" hat in Hellingers Denken einen hohen Stellenwert, sie „ist uns vorgegeben ... Man muss zurück zur Ordnung, zum Punkt der Wahrheit".[62]

Wenn Beziehungen gelingen sollen, ist es zudem wichtig, dass ein Ausgleich von Geben und Nehmen besteht. Jedes Gefälle bezüglich eines Ausgleichs belastet bzw. gefährdet die Beziehung. Ein solches Gefälle entsteht z. B., wenn einer der Partner behindert ist, wenn einer dem anderen sein Studium finanziert oder einer ein Kind aus einer früheren Beziehung mit in die Ehe bringt. Falls kein Ausgleich geschaffen wird, werden solche Beziehungen nach Hellingers Ansicht scheitern. Kinder allerdings können gegenüber den Eltern das Gefälle von Geben und Nehmen nie auflösen, sie müssen das, was sie von den Eltern bekommen, weitergeben an die nächste Generation.[63] Dabei ist es jedoch unerlässlich, dass die Kinder die Eltern für das würdigen, was sie von ihnen bekommen haben. „Ein Kind kann nur dann mit sich selbst im Reinen sein und seine Identität finden, wenn es mit den Eltern im Reinen ist."[64]

Bei allem noch so seltsamen Verhalten wirkt letztlich die Liebe als Motiv. „Daher ist es entscheidend, dass man in der Therapie den Punkt findet, an dem die Liebe sich sammelt. Dann ist man an der Wurzel, und da findet man auch den Weg zur Lösung."[65]

Oft veranlasst Hellinger an der Aufstellung Beteiligte, symbolische Gesten auszuführen und rituelle Sätze zu sprechen. „Rückenschmerzen gehen vorbei, wenn man sich ganz tief vor jemandem verneigt, und zwar bis auf den Boden." Der Betroffene soll sich also beispielsweise vor seinem Vater verneigen und sagen: „Ich gebe dir die Ehre."[66]

Die Lektüre von Hellingers Büchern hinterlässt zwiespältige Gefühle. Zunächst einmal eine große Faszination. Was er sagt, scheint neu und fremd, und doch erzeugt es eine hohe innere Übereinstimmung nach dem Motto: Das hast du doch schon immer gefühlt, endlich sagt das mal einer. Familie, feste Ordnungen, die Eltern ehren, das scheint ja auch gut biblisch, endlich benennt mal wieder einer Regeln in dem ganzen modernen Beziehungswirrwarr. Die plakativen Formulierungen tun noch ein Übriges. Es ist wie ein Sog, in den man hineingezogen wird und zu dem man nur schwer wieder Distanz findet. Manche von Hellingers Erkenntnissen leuchten unmittelbar ein; sie sind hilfreich und entlastend in Therapien, zumal sie auch Ordnung im Kopf des Therapeuten schaffen. Gerade in der Beliebigkeit der Postmoderne faszinieren das einfache Weltbild und die klaren Prinzipien. Das könnte erklären, warum auch viele Therapeuten Hellinger kritiklos folgen. Sie „sind unter dem Druck der Eigenverantwortlichkeit offensichtlich geneigt, Sicherheiten, Gewissheiten, Allmacht und Liebe bei einer Elternfigur, die mit Zügen dieser Allmacht versehen scheint, zu suchen".[67]

Wie bei vielen Gurus liegen bei Hellinger jedoch Gutes und Abstruses dicht beieinander. Mittelalterlich sind beispielweise seine Aussagen zur Beziehung von Mann und Frau: „Die Beziehung zwischen Mann und Frau gelingt, wenn die Frau dem Mann folgt ... in seine Familie, an seinen Ort, in seine Sprache, in seine Kultur, und sie stimmt zu, dass auch die Kinder ihm dorthin folgen."[68] Erstaunlicherweise werden solche Äußerungen von vielen emanzipierten, intelligenten Therapeutinnen widerspruchslos hingenommen.

Zeitweise erscheint es unglaublich, was Menschen sich von Hellinger gefallen lassen und wie sie sich von ihm behandeln lassen. Zwar ist bei ihm oft von Demut die Rede, in bestimmten Situationen jedoch tut er selber alle Einwände ab, tritt autoritär auf und formuliert apodiktische Sätze, die einen erschauern lassen. Spätestens da zeigt sich die Grenze des Ordnungsdenkens: Jede Ordnung verkehrt sich in ihr Gegenteil, wird sie verabsolutiert. So hilfreich Ordnungen sein können, so erschlagend können sie sein. Jesus gibt einen guten Hinweis für den Umgang mit Gesetz und Ordnungen; im Blick auf das Gebot der Feiertagsheiligung sagt er den Ordnungshütern: „Der Sabbat ist um des Menschen willen gemacht, und nicht der Mensch um des Sabbats willen."[69]

Eine Frau mit Brustkrebs stellt ihre Familie auf: Stellvertreter für sich selbst, für ihren ersten und zweiten Mann und für die Kinder aus diesen beiden Beziehungen. Bert Hellinger erarbeitet mit der Patientin ein „Lösungsbild". Darin fühlt sie sich jedoch gar nicht wohl. Daraufhin sagt Hellinger: „Du hast sie alle verspielt", d. h. ihre Männer und ihre Kinder. Und weiter: „Brustkrebs ist nach meiner Beobachtung ... manchmal Sühne für Unrecht, das einem Mann angetan wurde."[70] – Das Gesetz tötet! Bibelkundige Leser fühlen sich daran erinnert, wie Jesus mit der Ehebrecherin umging: Deren Geschichte geht anders aus![71]

Häufig kommt es vor, dass Betroffene Hellingers Deutungen nicht verstehen. Dann erzählt er gerne gleichnishafte Geschichten, fast wie Jesus. Die Geschichten sind jedoch meist seltsam nebulös und stiften oft noch mehr Verwirrung, machen das Gegenüber aber erst einmal mundtot. Ganz anders als bei Jesus: bei dessen Gleichnissen wussten die Leute ganz genau, was gemeint war, oder bekamen es andernfalls erklärt.

Problematischer ist, dass Hellinger den therapeutischen Grundsatz der Neutralität ignoriert und als Weisung gebende Instanz auftritt, die eine Schau der „Wahrheit" hat. Aus seinen Beobachtungen entwickelt er unter der Hand eine Art neues Dogma, seine Deutungen geraten leicht zum Orakelspruch fürs Leben. Paul Watzlawiks Warnung von 1978 ist in diesem Zusammenhang auch heute noch bedenkenswert: „Der Glaube, dass die eigene Sicht der Wirklichkeit die Wirklichkeit schlechthin bedeute, (ist) eine gefährliche Wahnidee. Sie wird dann aber noch gefährlicher, wenn sie sich mit der messianischen Berufung verbindet, die Welt dementsprechend aufklären und ordnen zu müssen."[72]

Hellinger vermischt Therapie und Religion und bekommt dadurch den Anstrich eines omnipotenten Heilers. Einer der schärfsten Hellinger-Kritiker, der Heidelberger Familientherapeut Fritz Simon, sagt: „Das ist es . . ., was Bert Hellinger suggeriert: Es gibt richtige und falsche Ordnungen, und er ist es, der sie kennt. Damit verbunden ist ein Heilsversprechen: Richtet euch nach der von mir vorgegebenen Ordnung und sorget nicht!"[73] Auch Christen werden hellhörig, wenn einer die Wahrheit und das Heil für sich beansprucht. Das hat zu häufig in der Geschichte schon fatale Folgen gehabt. Für sie ist eine Person die Wahrheit, Jesus Christus, und alle Wahrheitssuche ist an Jesus orientiert. Keinesfalls aber kann ein System oder eine Ordnung „Wahrheit" sein.

Hellinger hat unzählige Nachahmer und gelehrige Schülerinnen und Schüler gefunden. Sein Stil ist einfach zu kopieren, und inzwischen kann man allerorten in Wochenendseminaren und Volkshochschulkursen „Familienaufstellungen nach Hellinger" praktizieren. Hellinger selbst ist, bei aller Kritik, ein sehr vielseitig ausgebildeter und erfahrener Therapeut, und unzweifelhaft gibt es Menschen, die seine Interventionen als hilfreich erleben. Viele haben offensichtlich ein großes Bedürfnis danach, dass ihnen einer klar sagt, wo es lang geht. Trotzdem werden manche Patienten mit den Ergebnissen der bei ihm praktizierten Aufstellungen nicht fertig und suchen bei anderen therapeutische Hilfe. Was passiert dann erst mit psychisch instabilen Menschen, die an einen womöglich nur mäßig qualifizierten Kursleiter geraten, der „nach Hellinger" arbeitet? Das mag man sich kaum ausmalen.

Die Familienaufstellung ist ein sehr wirksames Instrument, und gerade deshalb kann sie tiefe Irritation und Verstörung bewirken. Man sollte damit keinesfalls aus Neugier herumspielen oder das „einfach mal so" an der Volkshochschule ausprobieren.

Sie gehört in die Hände von erfahrenen Fachleuten. Therapeuten, die nicht nach Hellinger arbeiten, ist in der Regel bewusst, dass sie nicht die Wahrheit gepachtet haben, dass ihre Sicht der Wirklichkeit subjektiv ist, und dass es meist mehrere Lösungen für ein Problem gibt. Der religiöse Anspruch wird dabei heruntergefahren. Viele werden dem populären Paartherapeuten Jürg Willi zustimmen: „Psychotherapie ... verkündet keine Heilslehre, sondern will dem Patienten die Freiheit geben, seinen ihm entsprechenden Weg zu finden. Das Ziel ist seelische Gesundheit und nicht

Seelenheil."[74] Diese Grenze ist bei Hellinger überschritten, er ist Therapeut und Priester zugleich. Wir können daher insgesamt vor dieser Methode eher warnen, weil sie oft Scheinlösungen bietet. Die Sehnsucht nach Orientierung wird vielleicht erfüllt, aber womöglich gegen den Verkauf der Freiheit.

4 Nähe und Distanz im Familiensystem

4.1 VATER, MUTTER, KIND

Vor der Geburt besteht eine ursprüngliche Einheit zwischen Mutter und Kind. Der Embryo wächst im Leib der Mutter heran und ist untrennbar mit ihr verbunden. In einem geradezu paradiesischen Zustand wird er über die Nabelschnur versorgt und durch die Gebärmutter geschützt. Trennung würde hier Tod bedeuten.

Die Geburt beendet jäh diesen Zustand der vollkommenen Geborgenheit. Erstmals muss das Kind selber atmen, schlucken und seine Bedürfnisse durch Schreien kund tun. Die Mutter wird sich in der Regel rührend um den Säugling kümmern, ihn hegen und pflegen. Das Stillen ist Ausdruck einer in den ersten Monaten nach der Geburt bestehenden tiefen Einheit und Verbundenheit mit der Mutter.

Die Auflösung dieser Symbiose geschieht allmählich. Das Kind beginnt, auf seine Umwelt zu reagieren, sie zu ergreifen und zu begreifen. Auch wenn es sich immer noch der Nähe seiner Mutter vergewissert, probiert es zunehmend Selbstständigkeit aus: Die erste Kontaktaufnahme mit der Umwelt durch Lächeln, die ersten Krabbelversuche und später die ersten Schritte, die ersten Worte. Die Phase der Loslösung dauert beim Menschen im Unterschied zu manchen anderen Säugetieren viele Jahre.

Schon früh tritt ein weiterer Mensch in den Gesichtskreis des Kindes, der Vater. Hat der Säugling sich im Mutterleib und die ersten Monate nach der Geburt noch als Einheit mit seiner

Mutter erlebt, so begegnet ihm in dem Vater eine von der Mutter getrennte Person. Erstmals erlebt das Kind im Vater jemanden, der ein eigenständiges Wesen ist und der trotzdem der Mutter nahe steht. Wahrscheinlich nimmt der Säugling bereits in den ersten Lebensmonaten Vater und Mutter als unterschiedliche Personen wahr. Die ursprüngliche Zweierbeziehung (Dyade) wird jetzt zur Dreierbeziehung erweitert (Triade). Das ist ein sehr entscheidender Schritt in der Entwicklung des kleinen Menschen und findet in der Regel im Laufe des ersten Lebensjahres statt.

In der Sprache der Tiefenpsychologie ist dies die Weiterentwicklung der seelischen Organisation von der Stufe der Zweierbeziehung zur Sozialbeziehung. Dazu gehören mindestens drei! Der Dritte, der Vater, ist nicht einfach eine Art zweite Mutter, sondern ein anderer Mensch, mit dem die Mutter sich auseinandersetzen kann und muss. Vater und Mutter haben unterschiedliche Attraktivität für das Kind.

Neueste Untersuchungen des französischen Psychologen Jean le Camus zeigen, dass der Vater eine entscheidende Rolle spielt beim Erlernen erster sozialer Fähigkeiten des Kleinkindes: Der Vater als „Sozialisationsvermittler".[75] Bereits im ersten Lebensjahr beginnt der Säugling Kontakt mit seiner Umwelt aufzunehmen. Im Spiel mit dem Kind trainiert und fördert der Vater frühzeitig Verhaltensweisen und Fähigkeiten, die später für die Beziehung zu anderen Kindern unerlässlich sind. „Durch seine Neckereien, seine Versuche, das Kind zu verwirren, bringt der Vater es dazu, sich an Neues zu gewöhnen, neue Lösungen zu finden ... Durch seine Neigung, das Kind zu Erkundungen und Abenteuern auf gefährlichem Gelände zu veranlassen, regt der Vater es an und bereitet es darauf vor, mit ungewissen Situationen umzugehen, sich auf Gefahren einzulassen."[76]

Die günstigste Familienkonstellation für die soziale Entwicklung eines Kindes ist nach Camus diejenige, „bei der die Erziehungsfunktion des Vaters sowohl ausreichend vorhanden ist als sich auch genügend von der der Mutter unterscheidet".[77] Das heranwachsende Kind braucht beides: Die eher mütterliche Funktion der Geborgenheit, der Versorgung und des Schutzes nach außen, aber auch die eher väterliche Funktion, an der es lernt, dass sein Handeln Konsequenzen hat. Dem Kind müssen Grenzen gesetzt werden, aber seine Selbstverantwortung muss auch herausgefordert werden. Der Vater symbolisiert dem Kind den Brückenschlag zur harten Wirklichkeit außerhalb des geborgenen „Nestes". Und so kommt Camus zu dem Schluss, „dass bis zum Beweis des Gegenteils die Dreier-Konstellation – entweder die ursprüngliche oder eine andere – dem Kind die besten Entfaltungsmöglichkeiten bietet und es so bessere Chancen hat, das Grundprinzip vom Unterschied der Geschlechter und Generationen richtig umzusetzen".[78]

Aus entwicklungspsychologischer Sicht spielt jedenfalls der Vater eine maßgebliche Rolle für die Selbstfindung der Tochter und des Sohnes. Menschen, die in den ersten sechs Lebensjahren ohne Vater aufgewachsen sind, leiden später häufiger an psychischen Störungen.[79] „Fehlen die Väter, so neigen die Kinder zu einer Übersteigerung von Phantasie, zu Angst und Schuldgefühlen."[80] Das Kind braucht den Vater als Bezugsperson, mit dem es sich auseinandersetzen kann, der ihm aber auch vermittelt, was machbar ist und was nicht. Außerdem ist der Vater als alternative Anlaufstelle bei Konflikten mit der Mutter wichtig. Auch später im Leben ist es nützlich, nicht nur auf eine Beziehung angewiesen zu sein, sondern auf ein Netz von unterschiedlichen sozialen Bezügen zurückgreifen zu können. Tiefenpsychologisch ausgedrückt ist also eine wichtige Funktion der Väter, „das Kind vor einer allzu verschlingenden Mutter zu schützen".[81]

Das Kind erlebt Vater und Mutter in Beziehung zueinander. Es erlebt, wie die Eltern sich streiten und wieder versöhnen. Es erlebt Loyalitätskonflikte zwischen Vater und Mutter. So kann es sich mit einem von beiden gegen den anderen verbünden. Und es ist für die Entwicklung bereits des kleinen Kindes gut, wenn es sieht, dass Vater und Mutter Zeit füreinander haben und einander Zuwendung geben, bei der das Kind nicht einbezogen wird. So spürt es früh, dass seine Eltern eigenständige Persönlichkeiten sind, die gut für sich selber sorgen können, ohne die innige Liebe zu ihrem Kind zu vernachlässigen. Schließlich hat sich der kleine Mensch seit der Geburt ja aufgemacht, sein eigenes Ich zu entwickeln, und er will selber einmal Unabhängigkeit und Selbstständigkeit von den Eltern erreichen. Die Mutter, die dem Vater Nähe und Intimität erlaubt, bei der das Kind außen vor bleibt, lebt dem Kind diese Eigenständigkeit vor. „Das Kind lernt aus dieser Geste, dass die Loslösung von der Mutter nicht Illoyalität zu bedeuten hat."[82]

In alldem entdeckt das Kleinkind erstmals sein eigenes Selbst, sein Ich, seine von den Eltern unterschiedene Persönlichkeit. Und indem es sich in diesem ersten Beziehungsdreieck eingebunden erlebt, reift seine Persönlichkeit.

4.2 HÄNSCHEN KLEIN GING ALLEIN

Es ist eine Besonderheit des Menschen, dass er im Unterschied zu anderen Säugetieren sozusagen ein Jahr zu früh auf die Welt kommt: Er kann noch nicht stehen oder laufen und findet nicht alleine den Weg zur Nahrungsquelle. Daher ist er vergleichsweise lange auf den Schutz und die Versorgung Erwachsener angewiesen. Diese Schutz- und Betreuungsaufgabe lässt sich offenbar am besten in einem Familienverband erfüllen. So hat sich die Familie über die Jahrtausende hinweg als eine „in tiefer Loyalität verbundene Solidargemeinschaft"[83] bewährt. Daher spricht der amerikanische Kulturkritiker Christopher Lasch von der Familie als einen *Hafen in einer herzlosen Welt.*[84]

Doch die Familie kann nicht nur schützender Hafen sein. Sie muss den heranwachsenden jungen Menschen darauf vorbereiten, sich in der rauen Wirklichkeit zu behaupten. „Aber diese doppelte Aufgabe, einerseits Hafen in einer herzlosen Welt zu sein, andererseits junge Menschen für das Leben in solcher Welt vorzubereiten, scheint mehr und mehr Familien zu überfordern. Und wo das der Fall ist, zeigt sich die Familie nun nicht mehr als sicherer Hafen, nicht mehr als das hauptsächliche Bollwerk gegen Angst; nein, sie wird selbst zur hauptsächlichen Quelle von Angst."[85]

Familien können in zweifacher Weise bei dieser Aufgabe versagen. Entweder werden die Kinder zu früh in die Welt hinausgestoßen, oder sie werden über Gebühr lange im warmen Nest der Familie verwöhnt und festgehalten. Beides kann zu Problemen und Störungen im späteren Leben führen.

Kindern, die zu früh sich selbst überlassen werden und den Schutz eines Familienverbandes verlieren, fehlt die Erfahrung von Urvertrauen und Geborgenheit. Dass Mitmenschen es gut mit ihnen meinen, können sich solche vernachlässigten oder ausgestoßenen Kinder kaum vorstellen. Vielmehr wittern sie überall Gefahren und Bedrohungen. Dadurch entwickeln sie eine Urform von Angst, die Angst vor Nähe. Da diesen Menschen selten Wertmaßstäbe vermittelt wurden, verbindet sich die Angst vor Nähe oft mit Mitteln des Überlebenskampfes, die teilweise jenseits jeder moralischen Verantwortung liegen.

Werden diese Kinder zu früh in die Selbstständigkeit entlassen, so werden andere über Gebühr lange im Familienverband gehalten. Sie erleben ein Zuviel an Geborgenheit. Ihnen wird Selbstständigkeit nicht zugetraut, oder sie ist im Familienkontext nicht erwünscht.

So übernimmt der Vater die Verantwortung für die maßlosen Geldausgaben des Sohnes, indem er immer wieder die Schulden für ihn bezahlt. Er meint vielleicht, dem Sohn zu helfen. In Wirklichkeit verhindert er, dass der Sohn für die logischen Folgen seines Verhaltens selber gerade steht und dadurch die Fähigkeit und Bereitschaft zur Verantwortung entwickelt. Auf der anderen Seite fühlt sich der Sohn den Eltern verpflichtet und ihnen gegenüber schuldig. Abhängigkeiten entstehen, die eine Entwicklung zur selbstständigen Persönlichkeit erschweren.

In diesen Bindungsfamilien gibt es massive Ängste vor Trennung. Die Angst vor Trennung ist eine Urangst, die bereits Sigmund Freud beschrieb. Immer wenn ein Wachstumsschritt anliegt, tritt diese Angst auf. Wird sie überwunden, gelingt der nächste Schritt in die Unabhängigkeit und Selbstständigkeit, in der Fachsprache der Psychotherapie: die Individuation.

Unter Individuation verstehen wir die Fähigkeit, Grenzen nach außen zu bilden, eigene Wünsche von den Wünschen anderer abzugrenzen. Es bedeutet auch, Ziele für sich zu formulieren, Verantwortung für das eigene Handeln zu übernehmen.

Ein bekanntes Kinderlied besingt dieses Problem der Loslösung vom Elternhaus:

Abbildung 14: *Hänschen klein . . . nur ein Kinderlied?*

Hänschen klein ging allein in die weite Welt hinein.
Stock und Hut stehn ihm gut, ist ganz wohlgemut.
Aber Mama weinet sehr, hat ja nun kein Hänschen mehr.
Da besinnt sich das Kind, läuft nach Haus geschwind.[86]

Der normale Gang der Dinge ist, dass das Kind irgendwann in die weite Welt hinausgeht. Die Welt, die vor ihm liegt, erscheint zunächst als große Verlockung, als Weite mit unendlichen Möglichkeiten, die es in der Begrenztheit des Elternhauses so nicht gab. Die ersten Schritte hinaus in das Neue verlaufen mit gutem Mut, zuversichtlich und ohne viele Gedanken darüber, was alles passieren könnte. Aber dann geschieht etwas, mit dem Hänschen nicht gerechnet hat: Mutter oder auch Vater werden nicht damit fertig, dass das

Kind sich vom Elternhaus löst. Vielleicht weiß Mutter im Inneren, dass Hänschen sich lösen muss, aber andererseits spürt sie den tiefen Abschiedsschmerz und den Wunsch, für immer mit ihrem Kind verbunden zu bleiben. Hänschen fühlt sich schuldig, die Eltern einfach alleine zu lassen, sie zu verlassen. „Da besinnt sich das Kind, läuft nach Haus geschwind." Interessanterweise heißt es in dem Lied an dieser Stelle „Kind". Der Selbstwerdungsschritt vom Hänschen zum Hans, vom „Kind zum Erwachsenen ist nicht gelungen, jedenfalls jetzt noch nicht.

Obwohl dieser Reifungsschritt fällig wäre, „gerät Hänschen in einen unlösbaren Konflikt zwischen Festhalten am Bewährten und Ergreifen des Neuen. Er fällt zurück in infantile Abhängigkeit von der Mutter:

Lieb' Mama, ich bin da, ich dein Hänschen, hopsassa!
Glaube mir, ich bleib hier, geh nicht fort von dir!
Da freut sich die Mutter sehr und das Hänschen noch viel
mehr!
Denn es ist, wie ihr wisst, gar so schön bei ihr.

Um in solchen Bindungen zu bleiben, braucht der Betroffene häufig einen Grund. Und den Grund findet er nicht selten in Symptomen, die er entwickelt. Eine Folge der Magersucht ist zum Beispiel, dass sich alle Familienangehörigen verstärkt um einen kümmern. Man kann und braucht sich so gar nicht von den Eltern zu trennen. Auch Angstsymptome bewirken Zuwendung und Versorgung in der Familie. Die Eltern sorgen sich ständig um den Betroffenen und weichen nicht von seiner Seite. Wozu dient hier die Angst, welchen Zweck erfüllt sie? Die Trennung wird abgewendet. Trennung und Eigenständigkeit wären mit der Angst nicht möglich, ja geradezu gefährlich. Also gibt es gute Gründe für Hänschen hier zu bleiben, „stets bei dir. Geh nicht fort von hier".

Aber das alte Kinderlied enthält nicht nur die Seite der unterbrochenen Individuation, sondern auch Hinweise dafür, wie ein solcher Übergang vom Elternhaus in die Selbstständigkeit gelingen kann. Um erwachsen zu werden, muss Hänschen nämlich in die weite Welt hinausgehen. Diesen Schritt kann Hänschen nur alleine tun: *Hänschen klein ging allein in die weite Welt hinein* ... Irgendwann ist die Zeit gekommen, aus der Geborgenheit des Elternhauses hinauszutreten. Das ist schmerzhaft für beide Seiten.

Aber was braucht Hänschen, um diesen Schritt zu wagen? *Stock und Hut steht ihm gut, ist ganz wohlgemut* ... Drei Dinge sind notwendig.

Zunächst benötigt er einen Stock. Der Stock war früher nicht nur für alte Menschen da. Er gehörte vielmehr zum Kleidungsstück des erwachsenen Herrn. Er drückte Eleganz aus. Im Musical „Cabaret" betritt der Conferencier den silbernen Stock schwingend die Bühne, der Inbegriff der Vornehmheit. Aber der Stock war auch ein Hilfsmittel, das man im Alltag für viele Zwecke brauchte. Die Hirten der Antike verscheuchten mit dem Stab die wilden Tiere. Der Stock stützt bei unebenen Wegen und beim Bergsteigen und verhindert, dass man ausrutscht und hinfällt. Hänschen braucht also etwas, auf das es sich verlassen kann, was ihm Sicherheit gibt, eine Stütze fürs Leben, ein Konzept, das ihm hilft, die Unebenheiten des Lebens zu meistern und sie elegant zu bewältigen. So ein Lebenskonzept sind z. B. die 10 Gebote. Man lernt solche Konzepte vorwiegend im Elternhaus, aber auch in sozialen Bezügen wie im Kindergarten, Schule, Verein oder Kirche.

Das Zweite, was Hänschen braucht, ist der Hut. Der Hut schützt vor Regen, aber auch vor der Hitze der Sonne. Man trägt ihn, wenn man aus dem Haus hinausgeht. Er steht also für Sicherheit und Schutz draußen. Man nimmt ihn kurz ab, wenn man einen anderen begrüßt, als Zeichen von Respekt und aus Höflichkeit, übrigens auch in der Kirche und beim Vaterunser. Einen Hut trug in früheren Zeiten nur ein erwachsener Mensch. Hänschen braucht etwas, was ihm draußen Schutz und Geborgenheit gibt, was seinen Kopf behütet vor schädlichen Einflüssen. Er muss also in der Erziehung einen „Hut" mitbekommen: Das Wissen, wie er sich selber schützen kann, und auch, wann es angemessen ist, diesen Schutz für einige Zeit aufzugeben. Eine optimistische Lebenseinstellung kann so ein Hut sein, und auch der Glaube, dass Gott das Leben in der Hand hält und es gut meint, und dass man nicht einem blinden Schicksal ausgeliefert ist. Im Neuen Testament wird gesagt: Wenn Menschen daran glauben, dass ihr Heil allein bei Gott liegt und dass ihr Leben Gottes Ziel entgegen geht, dann ist das wie ein Helm (Epheser 6, 17). Dann hat das Leben eine Richtung und der Mensch kann klare Gedanken fassen und gute Entscheidungen treffen.

Und das Dritte ist der Mut, den Hänschen braucht: ... *geht ganz wohlgemut* ... Um wohlgemut gehen zu können, müssen Kinder ermutigt werden, denn Übergänge im Leben zu meistern braucht Mut und Zuversicht. Übergänge gibt es viele: Von der spielenden Kinderwelt in die Schule. Von der Schule ins Berufsleben. Vom Elternhaus hinaus in die weite Welt. Der Schritt in eine feste Beziehung und Ehe mit eigener Familie. Der Übergang vom Berufsleben in den Ruhestand, und viele andere mehr. Jeder gelungene Übergang von einem Lebensabschnitt in einen neuen macht wieder mehr Mut.

Hänschen braucht Mut, um erwachsen zu werden. Gut, wenn er im Elternhaus bereits ermutigt wurde, Schritte auf eigenen Füßen zu tun. *Wohlgemut* ist übrigens nicht dasselbe wie leichtsinnig. Es ist vielmehr ein wohl überlegter mutiger Schritt.

Übrigens gibt es noch eine andere Version dieses Kinderliedes vom *Hänschen klein*. In dieser Version scheint Hänschen der Übergang in die Erwachsenwelt und die Loslösung vom Elternhaus gelungen zu sein:

Hänschen klein, geht allein in die weite Welt hinein.
Stock und Hut steht ihm gut, ist gar wohlgemut.
Aber Mama weinet sehr, hat ja nun kein Hänschen mehr!
„Wünsch dir Glück!" sagt ihr Blick, kehr nur bald zurück!"

Sieben Jahr trüb und klar Hänschen in der Fremde war.
Da besinnt sich das Kind, eilt nach Haus geschwind.
Doch nun ist's kein Hänschen mehr. Nein, ein großer Hans ist er.
Braun gebrannt Stirn und Hand. Wird er wohl erkannt?

Eins, zwei, drei geh'n vorbei, wissen nicht, wer das wohl sei.
Schwester spricht: „Welch Gesicht?" Kennt den Bruder nicht.
Kommt daher die Mutter sein, schaut ihm kaum ins Aug hinein,
Ruft sie schon: „Hans, mein Sohn! Grüß dich Gott, mein Sohn!"[87]

Nun ist aus Hänschen tatsächlich ein Hans geworden. Die Begegnung zwischen Mutter und Sohn hat sich verändert: Hier begegnen sich zwei Menschen auf gleicher Ebene, nicht mehr Mutter und Kind, sondern Mutter und Sohn. Die äußere Veränderung ist Zeichen für einen inneren Prozess, den Hänschen durchlaufen hat. Keiner erkennt ihn mehr, nur Mutter: Aus Kindern werden Erwachsene, aber Söhne und Töchter unserer Eltern bleiben wir ein Leben lang.

4.3 DIE SEITE DES VATERS LEBEN

Herr D. sieht traurig aus, als er zum ersten Gespräch kommt. Der 60-Jährige berichtet: „Seit 3 – 4 Jahren stelle ich fest, dass ich zunehmend unter körperlichen Beschwerden leide, aber die Ärzte finden nichts. Ich fühle mich dauernd so angespannt und unfähig. Häufig habe ich das Gefühl, es kommt etwas auf mich zu, was ich nicht schaffen kann. Und das geht mir sowohl bei der Arbeit so, wo ich Chefkoch bin, wie zu Hause, wo ich mich Anforderungen von der Familie ausgesetzt fühle."

Herr D. leidet seit vielen Jahren unter Bauchschmerzen, Herzklopfen, Kopfschmerzen und Ohrgeräuschen.

Aus der Lebensgeschichte erfahre ich, dass er seinen Vater eigentlich gar nicht gekannt hat. Er ist bei einem Autounfall ums Leben gekommen, als Herr D. vier Jahre alt war. Herr D. ist dann allein mit seiner Mutter als Einzelkind aufgewachsen. Schläge habe es nie gegeben, aber dafür habe Mutter in ihrer Erziehung sehr „auf Moral gedrückt". Irgendwie habe ihm ein Vater als ausgleichendes männliches Gegenüber gefehlt. Aber Mutter habe einmal zu ihm gesagt: „Ich heirate nicht mehr, damit ich dich nicht mit einem anderen teilen muss."

Dieser Satz hat sich ihm tief eingeprägt. Er löste bei ihm in der Kindheit das Gefühl einer drückenden Last aus. Denn er bedeutete ja auch: „Bitte enttäusche mich nicht!" So hat er sich eher angepasst als seine eigenen Bedürfnisse zu äußern. Sein Lebensmotto wurde: „Lieber entscheide ich etwas gegen meine Überzeugung, als dass ich jemand anderem weh tue." Selbstunsicherheit und zwanghafte Korrektheit bestimmten sein Handeln. Und doch hatte er stets das Gefühl, den Ansprüchen bei der Arbeit und im

privaten Leben nicht gerecht werden zu können. „Habe ich
nicht doch jemanden verletzt oder weh getan?" Diese
Frage ließ ihn nie in Ruhe.

So wirkte der zunächst selbstlos erscheinende Satz seiner Mutter entwicklungshemmend im Leben des Sohnes.
Hätte sie hingegen ihren berechtigten Wunsch erneut zu
heiraten ausgelebt, dann wäre der Sohn frei gewesen von
der Last des moralischen Anspruchs, Mutter um keinen
Preis zu enttäuschen.

Wenn Mutter aber wirklich Witwe bleiben wollte, dann
hätte sie ja dazu stehen können und ihrem Sohn zum
Beispiel gesagt: „Ich hatte den Mann meines Lebens gehabt. Jetzt heirate ich nicht mehr. Ich komme auch alleine
zurecht. Wir beide schaffen das schon." Wie hätte sich das
Kind da gefühlt? Herr D. antwortet spontan: „Da hätte ich
mich frei gefühlt, ohne Druck."

Was weiß Herr D. eigentlich über Vater? Der Vater muss
ein sehr lebenslustiger Mensch gewesen sein. „Was hatte
er für eine Freude, als er mir mal einen Roller aus Holland
mitgebracht hatte", berichtet Herr D. mit strahlendem
Gesicht. „Am liebsten wäre er selber damit durchs Dorf
gefahren." Wir sprechen darüber, wo Herr D. bei sich diese
lebenslustige Seite kennt. Anfangs fällt es ihm schwer,
etwas zu finden. Aber dann kommen doch einige Erfahrungen ans Tageslicht. Er reist gerne in fremde Länder.
Schon die Planung einer solchen Reise lässt ihn regelrecht
aufleben. Dabei vergisst er seine körperlichen Beschwerden und fühlt sich kraftvoll und gesund.

Als Herr D. seinen Familienstammbaum malt, machen
wir eine interessante Entdeckung.

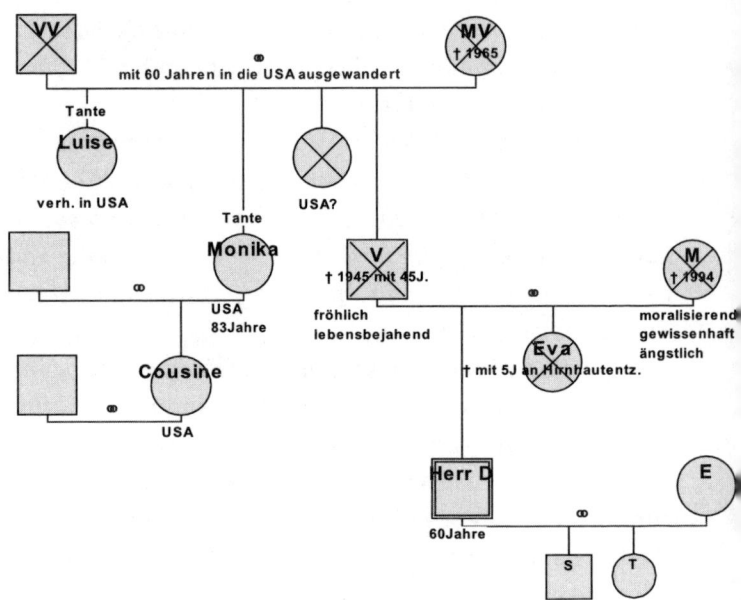

VV=Vater von Vater   MV=Mutter von Vater   S=Sohn   T=Tochter

Abbildung 15: *Familienstammbaum von Herrn D.*

Luise, die älteste Schwester des Vaters, arbeitete in den 30er Jahren als Hausangestellte bei einem jüdischen Arzt. Infolge der zunehmenden Judenverfolgungen während des Dritten Reiches emigrierte der Arzt mit seiner Familie in die USA. Da Luise sich dieser Arztfamilie sehr verbunden fühlte, beschloss sie kurzerhand mit auszuwandern. So betrat Luise als erste der Familie D. amerikanischen Boden und ist dort bis heute geblieben. Sie heiratete später einen Amerikaner und leitete zusammen mit ihm ein Kinderheim. Ihre jüngere Schwester folgte ihr wenige Jahre später und vermutlich auch die dritte Schwester. Aber darüber hat Herr D. keine genauen Informationen. Nach dem Krieg schickten diese Tanten Care-Pakete, über die sich Herr D. immer riesig gefreut hat.

*Am Ende des Krieges waren seine Großeltern väterli-
cherseits 60 Jahre alt und standen in Köln vor ihrem völlig
ausgebombten Haus. Alles, was sie sich aufgebaut hatten,
war durch den Krieg verloren gegangen. Der einzige Sohn,
also Herrn D.s Vater, war tragischerweise in den letzten
Kriegtagen infolge eines Verkehrsunfalls gestorben, und
die Töchter lebten in Amerika, weit weg vom Nachkriegs-
deutschland. Eine deprimierende und verzweifelte Situation für die Großeltern, in der man Resignation verstehen
würde. Aber die Großeltern ließen nicht den Kopf hängen,
sondern veränderten aktiv etwas an ihrer Situation. Aus
Amerika trafen Briefe der Töchter ein, die vorschlugen,
dass ihre Eltern doch in die Neue Welt übersiedeln sollten.
Jetzt, mit 60 Jahren? Einen alten Baum verpflanzt man
nicht, heißt ein Sprichwort. In Deutschland hatte man
zwar alles verloren, aber es war ihre Heimat. Sie kannten
noch viele Menschen. Das Leben war ihnen vertraut. Hier
fühlten sie sich sicher.*

*Doch Herrn D.s Großeltern entschieden sich für einen
ungewissen Neuanfang in einem fremden Land. Sie be-
stellten die Schiffspassage und wanderten nach Amerika
aus.*

*Als wir darüber sprechen, ist Herr D. ganz beeindruckt
von dem Mut seiner Großeltern. Ihm sind immer Sicherheit
und Beständigkeit wichtig gewesen. Aber sein Leben lang
hat er Menschen bewundert, die spontan handeln konnten
und sich neugierig auf Unbekanntes und Neues einließen.
Ihm gelang das nicht so. Er war oft von Skrupeln geplagt,
eine falsche Entscheidung getroffen zu haben.*

*Ganz anders waren offenbar seine Großeltern gewesen.
Welchen Mut müssen sie gehabt haben, um noch im Alter
von 60 Jahren diesen Schritt ins Unbekannte zu wagen.
Und welche Erwartungen mögen sie nach all dem schreck-*

lichen Erleben im Krieg noch an ihr Leben gestellt haben? Wie viel Sicherheit haben sie aufgegeben! War es Fernweh? Abenteuerlust? Waren sie Lebenskünstler? Herr D. findet es eigentlich schade, dass er sie nie kennen gelernt hat und fühlt sich plötzlich mit dieser amerikanischen Verwandtschaft sehr verbunden.

Hatte Mutter sehr geklammert und ihn mit sehr viel Angst und moralischem Druck erzogen, so findet er nun mit 60 Jahren in der väterlichen Linie eine ganz andere Lebenseinstellung. Ob es ihm gelingt, diese Seite auch bei sich zu aktivieren? Dann könnte er statt falscher Rücksichtsnahme mehr Weite und Freude am Leben finden, sich „frei und ohne Druck" fühlen.

Neulich besuchte ein junges amerikanisches Ehepaar Herrn D. und stellte sich als Nachkommen von Vaters zweitältester Schwester vor. Sie wirkten lebenslustig und unbeschwert und wollten, wie für Amerikaner üblich, Europa in zehn Tagen bereisen.

Mittlerweile hat Herr D. Kontakt zu seiner amerikanischen Verwandtschaft aufgenommen und plant einen Gegenbesuch in den USA. „Vielleicht können die mir noch mehr von meinem Vater erzählen", hofft er. Mutter hatte kaum mit ihm über seinen Vater gesprochen. Bei der Planung dieser Reise in die eigene Familiengeschichte lebt Herr D. richtig auf. Seine Beschwerden treten in den Hintergrund. Er erscheint fröhlicher und unbeschwerter. „Ist Ihnen eigentlich aufgefallen, dass Sie mit 60 Jahren nach Amerika reisen wollen und Ihre Großeltern mit 60 Jahren einen Neuanfang durch ihre Auswanderung gemacht haben?", frage ich ihn, als wir seinen Familienstammbaum noch einmal betrachten. Auch mit 60 Jahren kann sich Enge im Leben noch in Weite verändern.

4.4 „AUF IN DEN KAMPF'' ODER: WER GEHÖRT ZU WEM?

Herr M. ist seit vier Jahren verheiratet. Seine Eltern leben in einer eigenen Wohnung im selben Ort. Seine Frau und seine Mutter haben ständig Auseinandersetzungen. Mutter findet die Schwiegertochter zu unordentlich. Diese hingegen stört es, dass die Schwiegermutter einen Schlüssel zu ihrer Wohnung hat. Sie bringt oft Essen und Kuchen mit, weil „mein Sohn so blass und hungrig aussieht''. Das stört die Schwiegertochter, die sich in ihrer Haushaltsführung kritisiert fühlt.

Herr M. kann das Problem seiner Frau nachvollziehen, hat aber auch Verständnis für das Verhalten seiner Mutter. „Ich stehe oft hilflos daneben, wenn sich die beiden Frauen bekriegen'', gesteht er. „Mal gebe ich der einen Recht, mal der anderen. Mittlerweile denke ich, sie müssen ihr Problem miteinander selber lösen. In letzter Zeit verlasse ich meist den Raum, wenn es zum Streit kommt.'' Aber das trägt ihm später heftige Vorwürfe seiner Frau ein. Mittlerweile leidet er unter Magenbeschwerden und Kopfschmerzen. Sein Hausarzt hat ihm ein psychotherapeutisches Gespräch empfohlen.

Ich bitte ihn, sein Familiensystem mit Holzfiguren aufzustellen, und zwar so, wie er es in einer Konfliktsituation erlebt:

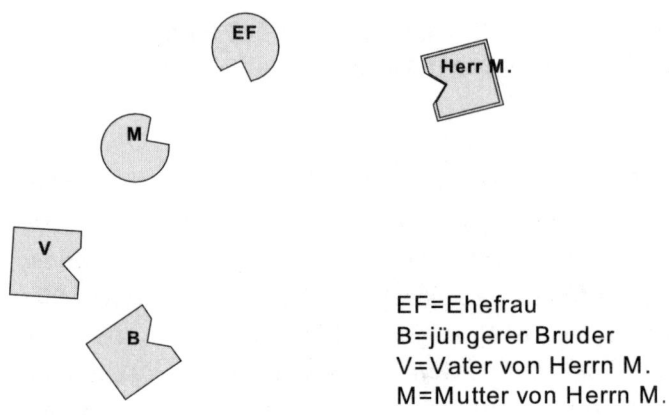

EF=Ehefrau
B=jüngerer Bruder
V=Vater von Herrn M.
M=Mutter von Herrn M.

Abbildung 16: *Schwiegermutterproblem*

Herr M. stellt sich in der Tat außerhalb des Konfliktes zwischen seiner Mutter und seiner Frau auf. Beide Frauen erwarten von ihm Hilfestellung. Sie stehen sich konfrontierend gegenüber. Seine Frau schaut schon mehr zum Konfliktherd „Schwiegermutter" als zu ihrem Mann. Der Vater von Herrn M. hält sich genauso aus dieser Auseinandersetzung raus wie sein Sohn.

„Wer gehört denn hier eigentlich zu wem?", frage ich ihn. „Meine Frau zu mir", ist die Antwort. „Aber auf dem Familienbrett ist davon nicht viel zu sehen", sage ich. „Wie könnte diese Zugehörigkeit deutlicher werden?" Er rückt seine Figur etwas näher an seine Frau. „Angenommen, Sie würden einen Schritt auf ihre Frau zu tun in so einer Konfliktsituation, wie würde das aussehen, woran würde Ihre Frau das merken? Und würde sie dann auch eine Bewegung machen?" „Ja, ich denke, sie würde auch etwas näher an mich ranrücken", antwortet er nach kurzer Überlegung. „Und Ihre Mutter, wie würde die dann reagieren?" Er denkt eine Weile nach. „Vielleicht würde die

sich dann bei Vater über uns beklagen", meint er. „Das heißt, Mutter würde dann auch einen Veränderungsschritt machen und etwas näher bei Vater stehen", ergänze ich.

Herr M. verändert die Aufstellung, und jetzt sieht das Bild auf dem Brett schon ganz anders aus.

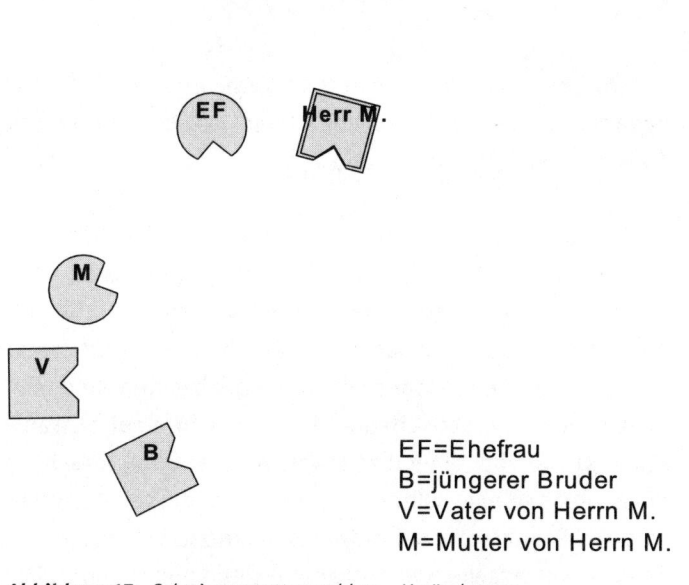

EF=Ehefrau
B=jüngerer Bruder
V=Vater von Herrn M.
M=Mutter von Herrn M.

Abbildung 17: *Schwiegermutterproblem – Veränderung*

Wir sprechen noch darüber, wie sich diese Veränderung im nächsten Konflikt zwischen Ehefrau und Schwiegermutter auswirken wird. Was wird er anders machen? Wer wird die Veränderung als erstes bemerken? Woran spürt die Ehefrau, dass er auf ihrer Seite steht und sich nicht neutral verhält? Wird dies die Beziehung eher festigen oder belasten? Was denken Mutter oder Vater dann über ihn?

Ordnungen sollten nicht verabsolutiert werden, aber sie
können Hilfen zum Leben und zum Umgang miteinander sein,
wie z. B. die Zehn Gebote. Bereits auf den ersten Seiten der
Bibel wird eine grundlegende Ordnung im Familiensystem
beschrieben, die viel Klarheit schaffen kann, wenn man sie
berücksichtigt.

*„Darum wird ein Mann seinen Vater und seine Mutter
verlassen und seiner Frau anhangen, und sie werden ein
Fleisch sein."* (1. Mose 2,24)

Dieser Vers steht am Ende der Schöpfungsgeschichte, noch
vor dem Sündenfall. Das heißt, hier werden menschheits-
typische Strukturen benannt, die den meisten nicht fremd
sind und die kulturübergreifend zu beobachten sind. Ein
deutscher Eheberater erlebte dies, als er in einer afrikani-
schen Kirche über eben diesen Vers aus der Bibel sprach. Er
erwähnte in seinem Referat, dass es notwendig sei, Vater und
Mutter zu verlassen, und dass dies in Europa oft Tränen und
Schmerz verursache. Die Afrikaner nickten und sagten: „Das
ist hier genauso."

Um eine Familie zu gründen, ist zunächst das Verlassen von
Vater und Mutter notwendig. Dass die Frau ihr Elternhaus
verlässt und ins Haus des Bräutigams gebracht wird, war im
alten Israel und in vielen anderen Völkern der damaligen Welt
selbstverständlich. Aber auch der Mann muss seine Eltern
verlassen! Bleibt er weiter seiner Ursprungsfamilie verhaftet,
sind viele Probleme in der eigenen Familie vorprogrammiert,
zum Beispiel das Schwiegermutterproblem.

Der biblische Vers aus der Schöpfungsgeschichte weist einen therapeutischen Weg für die neue Paarbeziehung. Nicht
nur die Frau muss ihre Familie verlassen, sondern auch der

Mann. Diese Herausforderung mag damals für das patriarchalische Israel so anstößig gewesen sein wie für manche
Männer heute. In der Tat enthält dieser Vers „eine anti-
patriarchale Spitze"[88]. „Schützend stellt er sich vor die
Rechte der Frau. Sie wird nicht einfach von der Familie des
Mannes vereinnahmt, sondern als gleichwertige Partnerin
behandelt. Beide sollen verlassen, nicht nur die Frau, sondern auch der Mann. Beide sollen einander anhangen – nicht
nur die Frau am Mann, sondern auch der Mann an der Frau."[89]

4.5 GENUG RAUM FüR JEDEN

*Seit mehreren Jahren erleidet Frau C. Hörstürze. Häufig
bekam sie deshalb Infusionen und musste vorübergehend
krank geschrieben werden. Frau C. leitet eine Sparkassen-
filiale. Sie hat in ihrem Beruf Erfolg und erfährt Anerkennung und Bestätigung.*

*Zu Hause versorgt sie die kranke Schwiegermutter, die
mit ihr und ihrem Mann in einem Haushalt lebt. Die
Schwiegermutter interessiert sich nicht für ihre Arbeit und
kann sich gar nicht vorstellen, dass Frau C. erschöpft ist,
wenn sie abends nach Hause kommt. „Meine Schwiegermutter kann noch viel mehr selber als sie wirklich
macht. Sie erwartet immer, dass ich alles für sie tue und
dabei noch guter Laune bin."*

*Als Frau C. wieder einmal mit einem Hörsturz in meine
Praxis kommt, wird mir bei einer Bemerkung von ihr plötzlich der Sinn der häufigen Hörstürze klar. Frau C. fragt:
„Herr Doktor, wie kann ich meiner kranken und jammern-
den Schwiegermutter gerecht werden? Sie geht mir
manchmal derartig auf die Nerven. Ich kann sie doch nicht
einfach zusammenstauchen wie ein kleines Kind. Aber*

manchmal, das können sie mir glauben, da kann ich das Gejammer meiner Schwiegermutter einfach nicht mehr hören."

Frau C. gelingt es nicht, ihre Bedürfnisse der Schwiegermutter gegenüber zu artikulieren. Sie tut alles für sie, fühlt sich aber überfordert. Statt sich abzugrenzen, bekommt sie einen Hörsturz. Sie ist krank. Auf einmal gehen alle, auch die Schwiegermutter, viel rücksichtsvoller mit ihr um. Schon der Volksmund sagt in Situationen, die nicht zum Aushalten sind: „Ich kann das einfach nicht mehr hören." „Ich mache dicht." „Mir klingeln die Ohren." „Ich stelle auf Durchzug – hier rein, da raus."

Ich spreche mit Frau C. darüber, wie sie sich der Schwiegermutter gegenüber abgrenzen kann, statt ihre Innenohrnerven zu ruinieren. Zunächst planen wir eine Kur, damit Frau C. Abstand gewinnt. Vielleicht gelingt es ihr, aus der Distanz eine neue Strategie zu entwickeln, bei der zwar die Schwiegermutter versorgt wird, sie selber mit ihren Bedürfnissen aber nicht auf der Strecke bleibt. Denn nur wenn sie auch für sich selber sorgen kann, kann sie auf Dauer für die Schwiegermutter sorgen.

Herr I. hat seit sieben Jahren eine Lebensgefährtin. Sie fahren gemeinsam in Urlaub, wohnen aber nicht zusammen. Jeder hat sein eigenes Haus. Die Lebensgefährtin ist sehr ordentlich. Täglich läuft die Waschmaschine. Kaum kommt Herr I. mit Straßenschuhen in die Wohnung, kehrt sie hinter ihm her. Herr I. hingegen ist sehr lebenslustig und kann gut mal fünf gerade sein lassen. Der zwanghafte Ordnungssinn seiner Freundin geht ihm zunehmend auf die Nerven. Im Urlaub lässt sich das noch aushalten. Aber zusammen unter einem Dach mit ihr zu leben, kann er sich nicht vorstellen.

Seine Freundin hingegen drängt auf eine gemeinsame Wohnung und eine Heirat. In dieser Situation bekommt Herr I. zwei

*Mal kurz hintereinander einen Hörsturz mit Ohrgeräuschen.
„Wissen Sie, Herr Doktor, ich kann es einfach nicht mehr hören,
wenn meine Freundin wieder anfängt mit ihrer vielen Wäsche
und dem Putzfimmel, den sie hat. Das ist doch reinste Wasser-
verschwendung!" Der Beziehungsstress drückt sich auf körper-
licher Ebene dadurch aus, dass Herrn I. die Ohren klingeln und
seine Innenohrnerven „verrückt spielen".*

*Während unseres Gespräches wird Herrn I. deutlich, dass er
die Beziehungssituation klären muss. Entweder gelingt es ihm,
sich mit der etwas zwanghaften Natur seiner Freundin zu ar-
rangieren, ohne sich selber dabei aufzugeben, oder er muss die
Beziehung beenden. Die beiden Hörstürze haben ihm jedenfalls
ein deutliches Signal gegeben, eine Entscheidung zu fällen.*

*Frau F. war immer für ihre Familie da und hat selten an ihr
eigenes Wohl gedacht. Vor einem Jahr erlitt sie einen Ner-
venzusammenbruch, als ihr alles über den Kopf wuchs: Die
Tochter zog mit 20 Jahren aus und brach eine Lehre ab. Die
zweite Tochter erlitt eine Thrombose mit Lungenembolie. Im
Laufe der Therapie stellt Frau F. ihre Gegenwartsfamilie auf:*

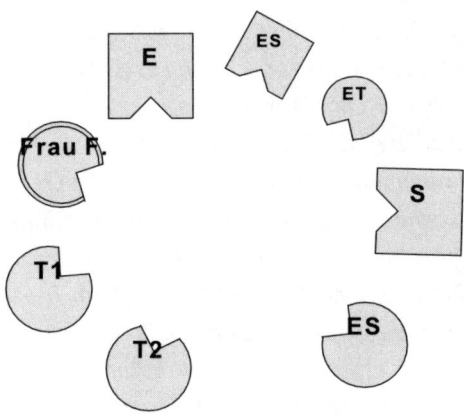

E=Ehemann ES=Enkelsohn ET=Enkeltochter S=Sohn
ES=Ehefrau des Sohnes T1=1.Tochter T2=2.Tochter

Abbildung 18: *Spontane Familienaufstellung Frau F.*

Frau F. war immer die Integrationsfigur in der Familie. Sie hat ihren Kindern viele Unannehmlichkeiten abgenommen, sich um eine Lehrstelle bemüht und finanziell ausgeholfen, als es bei einem der Kinder eine Phase leichtfertigen Geldausgebens gab. Urlaub hat sie sich nie gegönnt. Vor zwei Jahren überredete sie den Sohn, mit seiner Familie zu ihnen ins Haus zu ziehen. Die Wünsche nach Nähe und Verbundenheit sind bei Frau F. tief verankert, zumal sie selber in ihrer Kindheit Mutter und Vater früh verloren hat.

„Wie gefällt Ihnen die Aufstellung?", frage ich sie. „Ein bisschen eng alles", antwortet sie. „Was wäre denn besser?" Antwort: „Die Schwiegertochter kommt in letzter Zeit seltener hoch zu uns. Das ist auch besser so. Ich kann mir ihre Probleme nicht dauernd anhören." Also stellen wir die Schwiegertochter etwas weiter nach außen. „Und

der Sohn?", frage ich, "wo hat der seinen besten Platz?"
"So zwischen mir und seiner Frau." Sie versucht den Sohn
entsprechend zu stellen. "Nein, das passt auch nicht."
"Vielleicht neben seine Frau", versuche ich zu helfen.
"Ja, neben seine Frau." Wir stellen den Sohn etwas weiter
weg von der Patientin und neben seine Frau. Jetzt stehen
die Enkelkinder noch zu weit von ihren Eltern weg. Frau F.
stellt sie neben den Sohn, also ihren Vater.

"Meine jüngste Tochter könnte eigentlich mal mehr
ausgehen", meint Frau F. "Sie ist viel zu viel zu Hause."
Sie stellt die jüngste Tochter (T1) etwas nach hinten. Die
älteste Tochter wohnt schon nicht mehr zu Hause. Sie
stellen wir auch etwas weiter von den Eltern weg. Frau F.
rückt noch etwas näher an ihren Mann. Jetzt schauen wir
uns das neue Bild an:

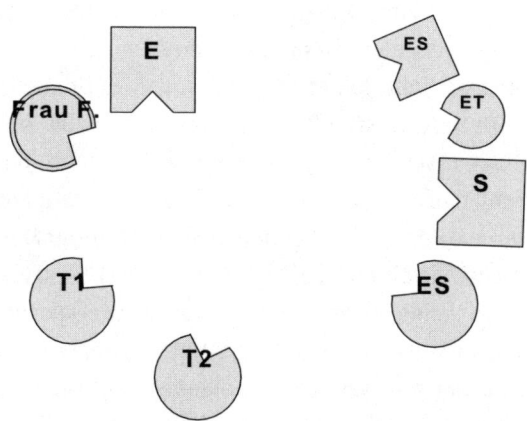

E=Ehemann ES=Enkelsohn ET=Enkeltochter S=Sohn
ES=Ehefrau des Sohnes T1=1.Tochter T2=2.Tochter

Abbildung 19: Familienaufstellung Frau F.: Mehr Platz

„Was ist jetzt anders?", frage ich sie. „Alle haben mehr Platz. Es ist nicht so eng wie vorher. Man bekommt mehr Luft. Die Schwiegertochter und das Eheproblem meines Sohnes rücken etwas von mir ab", antwortet sie nach einer kurzen Zeit des Nachdenkens. „Und jetzt wird auch deutlicher, wer im Familiensystem zu wem gehört", ergänze ich. Frau F. nickt. Ich gebe ihr die Anregung, darüber nachzudenken, was sie dafür tun kann, dass die zweite Aufstellung in die Wirklichkeit umgesetzt werden kann.

4.6 KRÜMEL, DIE DAS LEBEN ÄNDERN

Antoine de Saint-Exupery hat einmal gesagt: „Nichts, was einem selbst geschieht, ist unerträglich."[90] Menschen können sehr viel ertragen, wenn es sie selbst betrifft. Viel schlimmer ist es oft, mit ansehen zu müssen, wie ein anderer, den man liebt, leidet oder sich sogar ins Unglück stürzt.

Die Frau verstand ihre Tochter nicht mehr. Sie konnte ihre selbstzerstörerische Handlungsweise beim besten Willen nicht nachvollziehen. All ihr Reden nützte nichts, das Kind war wie vernagelt. Wenn man sie nach ihren Motiven fragte, machte sie einfach zu. Es war nicht an sie ranzukommen. Das waren keine normalen Pubertätsschwierigkeiten einer 16-Jährigen, das war krank. Die Mutter konnte es einfach nicht mehr mit ansehen, wie ihr eigenes Kind sich nach und nach zugrunde richtete und sein Leben und seine Zukunft demontierte. Es war, als wäre sie von einer fremden Macht getrieben, wie von bösen Geistern besessen. Natürlich weigerte sie sich, zu einem Arzt oder Therapeuten zu gehen, und rastete regelrecht aus, wenn man dieses Thema ansprach. Die Mutter war verzweifelt. Die Kommunikation zwischen ihr und ihrer Tochter funktionierte überhaupt nicht mehr, das Kind ließ sich nicht das Geringste sagen, und alles, was sie tat, schien die Sache eher schlimmer zu machen. Sie selber hatte niemanden, mit dem sie richtig darüber reden konnte, der ihre Sorgen und Verantwortung teilte. Der Ehemann und Vater des Mädchens hatte sich schon vor Jahren abgesetzt, zahlte nicht einmal regelmäßig Unterhalt. Und die Großeltern wollten von Problemen nichts hören, sie erwarteten, dass sie alles im Griff hatte. Aber das hatte sie schon lange nicht mehr. Dabei hatte sie immer alles für dieses Kind getan, gerade weil sie beide allein waren und weil sie meinte, ihr den fehlenden Vater auch noch mit ersetzen zu müssen. Die Verantwortung wog doppelt schwer für sie, sie hatte es sich wirklich nicht leicht gemacht. Und nun dies. Zu der Sorge um die Tochter kam noch das niederschmetternde Gefühl, als Mutter eine absolute Versagerin zu sein. Ihre Männerbeziehungen missglückten, und nun ging auch noch mit dem Kind alles schief!

In dieser Situation erzählte der Frau jemand von Jesus. Jesus war auf der Höhe seiner Wirksamkeit und schon ziemlich berühmt; er hatte Jünger berufen, Gleichnisse erzählt, einen Sturm gestillt, Menschen geheilt, das alles hatte sich schnell herumgesprochen und er war sehr gefragt. Aber er konnte und wollte nicht pausenlos für andere da sein, es gab Zeiten, in denen er sich zurückzog, zusammen mit seinen Jüngern oder allein zum Gebet. Das war auch gerade jetzt der Fall, als die Frau Kontakt zu ihm aufnehmen wollte. Die Frau respektierte seinen Wunsch nach Ruhe und Alleinsein nicht, was aus ihrer Sicht verständlich war, aber vielleicht doch auch ein Hinweis darauf, was in dieser Familie los war: die Schwierigkeit zu warten und Grenzen zu akzeptieren.

Jesu Antwort an die Frau ist unerhört schroff und unerhört abgrenzend: *„Zuerst müssen die Kinder versorgt werden, das*

Abbildung 20: *Jesus und die kanaanäische Frau, Ausschnitt aus dem Misereor-Hungertuch 1990 von der indischen Künstlerin Lucy D'Souza*

Volk Israel. Es ist nicht richtig, wenn man den Kindern das Brot wegnimmt und es den Hunden vorwirft." (Markus 7, 27) Ich konzentriere mich in meinem Wirken erst mal nur auf die Israeliten, sagt Jesus, sie sind die „Kinder", und ich will meine Kraft nicht für andere verschleudern („vor die Hunde werfen"). Wenn man ein Ziel erreichen will, muss man sich begrenzen; wer sich verzettelt und für alles zuständig fühlt, wird es nicht weit bringen.

In dem Beharren auf den Grenzen ist für die Frau vielleicht die wichtigste Einsicht enthalten. Selbst Jesus hat Grenzen, um wie viel mehr also sie. Auch ihre Verantwortung als Mutter hat ihre Grenzen, und zwar je mehr, desto älter das Kind wird. Sie muss auch nicht die Verantwortung von anderen, z. B. vom Vater, mit übernehmen, sondern sie bei ihm belassen. Ob er sie wahrnimmt oder nicht, ist seine Sache, es ist nicht an ihr, sich das noch zusätzlich aufzubürden.

Die Antwort der Frau ist genial und zeigt, dass sie etwas Wesentliches begriffen hat. Sie respektiert nämlich die von

Jesus aufgerichtete Grenze – hier die Kinder, da die Hunde – und findet gerade darin die Lösung: Die Hunde bekommen doch immer die Krümel, die unter den Tisch fallen. Ein paar Krümel würden ihr ja schon genügen. Man fühlt sich an die Frau erinnert, die nur einen Zipfel vom Obergewand von Jesus anfasst und dadurch gesund wird. Ein Zipfel, ein Krümel von Jesus, das reicht ihr schon. Herr, sprich nur ein Wort, so wird meine Seele gesund! Mich beeindruckt diese Mischung aus Respekt und Respektlosigkeit, aus Akzeptieren und Frechheit, aus Widerspruch und Glauben. Hier ist nichts geheuchelt, das ist Jesus beim Wort genommen, und das ist echt. Wenn ich schon Hund bin, okay, ich gebe mich damit zufrieden, aber dann gib mir wenigstens die Krümel. Selbst nur ein Krümel von Jesus ist mehr wert als eine fette Mahlzeit von anderen.

Jesus spürt: Diese Frau sehnt sich wirklich nach Veränderung. Hier ist seine Hilfe nicht verschwendet. Die will etwas, die hat jetzt schon etwas begriffen, und die wird Konsequenzen aus dieser Begegnung ziehen, die auch sie selbst betreffen. Er sagt zu ihr: *„Du hast Recht. Ich will deiner Tochter helfen. Geh nach Hause! Der böse Geist hat dein Kind bereits verlassen."* Das Wunder, das hier geschieht, vollzieht sich in der Beziehung zwischen Mutter und Tochter. „Es ist sehr gut möglich, dass diese Frau mit einem solchen Wort im Ohr und mit einem solchen Gefühl im Herzen vollkommen anders zu ihrer Tochter zurückging und schon deswegen auch ihre Tochter anders vorfand, als sie sie zurückgelassen hatte. Denn eine Frau *hat* eine andere Tochter, je nachdem, inwieweit sie selber Angst hat oder nicht", schreibt Eugen Drewermann in seiner tiefenpsychologischen Auslegung des Markusevangeliums.[91]

Gerade in der schroffen Abgrenzung gegenüber der Frau lag also womöglich der zentrale Punkt. Auch ihr tut es gut, wenn sie sich in ihrer Verantwortung begrenzt und sich um ihre eigentliche Aufgabe kümmert, nämlich was sie selber aus ihrem Leben machen will. Es ist gut, sich beizeiten damit auseinander zu setzen. Denn von klein auf müssen Kinder wohldosiert lernen, schrittweise die Verantwortung für ihr Leben und ihre Handlungen zu übernehmen und die Folgen zu tragen. Und bald brauchen sie nicht mehr die volle Dosis elterlicher oder mütterlicher Aufmerksamkeit, sondern nur noch Brocken von freundlichem Interesse und Ermutigung.

Ich habe viel gelernt im Seminar einer Familientherapeutin, die uns einschärfte: Wenn es den Müttern gut geht, geht es auch den Kindern gut. Wenn Mütter gut mit sich selber umgehen, mit ihrem eigenen Leben klarkommen und gelassen und vertrauensvoll in die Zukunft blicken, ist das die beste „Erziehung", die sie ihrem Kind angedeihen lassen können. Dann werden sie auch ihren Kindern das Gefühl vermitteln: Du bist okay, und du schaffst es. Der böse Geist ist ausgefahren: Ich traue dir zu, dass du die Verantwortung für dein Leben selber übernehmen kannst und gut zurechtkommen wirst.

Eine solche Haltung ist dann noch leichter zu vermitteln, wenn Mütter (und Väter) wie diese Frau aus dem Neuen Testament Jesus um die Krümel von seinem Tisch bitten. Denn was da runterfällt, ist Brot des Lebens, und wer davon auch nur einen Krümel erwischt, der gehört doch ganz dazu. Wenn Eltern die Verantwortung für ihre Kinder an Jesus abgeben können, dann wird etwas in ihrem Leben und in dem ihrer Kinder passieren, und sie sind wirklich entlastet. Jesus nämlich hat ein unbedingtes Interesse daran, dass böse Geister ihre Macht verlieren, und dass unser Leben gelingt, das von Eltern und das von Kindern.

5 SORGENKINDER

5.1 BETTNÄSSEN UND ANDERE SYMPTOME

Die kleine Jessica, ein aufgewecktes und lebhaftes vier Jahre altes Mädchen, kommt mit ihrem Vater, einem 32-jährigen, z.Zt. arbeitslosen Tischler. Jessica sei seit über einem Jahr sauber und trocken, aber seit ein paar Wochen mache sie wieder mehrmals am Tag in die Hose.

Jessicas Mutter sitzt wegen Betrugs im Gefängnis. Der Vater hat sich vor zwei Jahren von ihr getrennt und lebt derzeit mit einer neuen Lebensgefährtin. Seit einiger Zeit rufe Jessicas Mutter aber häufig an und sage, sie wolle ihre Tochter sehen. Jessica wisse nicht, dass ihre Mutter im Gefängnis sei. Der Vater ist sich unsicher, ob er seiner Tochter diese Information zumuten kann. Er schildert sie als „gute Mutter", sie sei, solange sie zusammenlebten, sehr interessiert an ihrem Kind gewesen und sehr liebevoll. Jessica selber hat kaum noch Erinnerungen an ihre Mutter, sie scheint eine ziemlich blasse Fantasievorstellung von ihr zu haben: Mutter sei „weggefahren, zur Arbeit".

Der Vater hat sich schon gefragt, ob ein Zusammenhang besteht zwischen dem Geheimnis um Jessicas Mutter und der Tatsache, dass sie in die Hose macht. Parallelen werden deutlich: Der Vater hält etwas zurück, und Jessica hält etwas zurück und es kommt dann an falscher Stelle und zum falschen Zeitpunkt heraus. Das könnte, so befürchtet der Vater, mit dem Geheimnis auch passieren, etwa durch Nachbarskinder. Das Thema ist jedoch sehr angstbesetzt, und ich merke: Es braucht manchmal auch Zeit, sich an die Idee zu gewöhnen, dass ein Geheimnis gelüftet werden kann.

Mit Jessica arbeite ich deshalb zunächst mit der Methode des Externalisierens.[92] Das Problem wird sozusagen nach außen verlagert. Beliebte Einstiegsfrage: Wenn das Problem eine Person wäre, was wäre es? Bei einem Angstpatienten war es z. B. ein schwarzer Schatten, der ihn ständig verfolgte, bei einer Raucherin „Herr Nikotin". Viele Christen nutzen das Externalisieren schon lange: Das Böse in mir ist „der Teufel", den ich bekämpfen muss. Indem das Problem sozusagen nach außen verlagert wird, lässt es sich leichter anschauen, lässt sich leichter sein Einfluss beschreiben und lässt es sich leichter bekämpfen. Bei Kindern kommt noch hinzu, dass das Externalisieren eine ungeheuer entlastende Wirkung hat. Sie erleben in den Sorgen der Eltern um sie und im Schimpfen der Eltern, wenn das Problem wieder aufgetreten ist, sich selber oft als „böse". Das Externalisieren liefert jedoch ihnen und den Eltern einen gemeinsamen Feind: Nicht das Kind ist böse, sondern der „schwarze Mann", der es immer ärgert.

Jessica ging bereitwillig auf das Angebot des Externalisierens ein. Gemeinsam erfanden wir als Wurzel ihres Übels den „bösen Dreckmacher". Zusammen mit ihrem Vater beschrieb Jessica, wie der böse Dreckmacher sie überlistet und ihren Vater traurig macht. Ihre Freundinnen im Kindergarten könnten den bösen Dreckmacher auch nicht leiden.

„Wann bist du denn zuletzt stärker gewesen als der böse Dreckmacher?" Das habe sie schon manchmal geschafft, dann sei sie einfach schneller gewesen. „Wie oft wirst du in der nächsten Woche dem bösen Dreckmacher noch erlauben, dich zu besuchen?" Jessica: „Gar nicht mehr." „Wie wirst du es schaffen, schneller zu sein als der böse Dreckmacher?" Jessica: „Ich renne ganz schnell weg." Jessicas Sportsgeist ist angefeuert.

Das Externalisieren hat noch einen weiteren Vorteil: Es nimmt dem Problem die Schwere und bringt eine humorvolle Note hinein. Über sich selber lachen zu können, ist oft der erste Schritt zur Heilung.

Beim nächsten Termin drei Wochen später haben sich Jessicas Symptome enorm gebessert. Der Vater berichtet, Jessica habe in den drei Wochen insgesamt nur drei mal in die Hose gemacht, vorher sei es oft bis zu dreimal täglich passiert. Jessica erzählt stolz: „Ich war stärker als der böse Dreckmacher." „Wie hast du das gemacht?" „Ich habe gegen ihn gekämpft, dann ist er weggelaufen." Sie sei ganz stark und schnell, schneller als Papa und auch schneller als ihre Freundin. In dieser Stunde malt Jessica den bösen Dreckmacher, zwar ziemlich groß, aber eingesperrt, und gegenüber sich selbst und ihre Freundinnen, kleiner als der Dreckmacher, doch mit erheblich mehr Bewegung und Kraft. Ich bestärke sie darin, dass kleine Leute große Böse durch List und Schnelligkeit austricksen könnten, und erzähle ihr aus der Bibel die Geschichte vom kleinen David und dem großen bösen Riesen Goliath. Der Vater nimmt sich nach der Stunde die Kinderbibel aus dem Wartezimmer mit, um Jessica die Geschichte zu Hause noch mal vorzulesen.

Als sie sechs Wochen später wiederkommt, berichtet der Vater, Jessica habe in dieser ganzen Zeit nur ein Mal in die Hose
gemacht. Jessica sagt, der böse Dreckmacher habe sich verab-
schiedet, „er hat tjüs gesagt", „ich hab' ihn rausgeschmissen,
er kommt nicht mehr". In dieser Stunde stellt Jessica mit Holz-
klötzchen ihre Familie auf. Sie stellt nach rechts außen ihren
Vater, daneben ihre Mutter, daneben sich. Die jetzige Lebensgefährtin des Vaters wird ganz weit nach links an den Rand
gestellt und dem bösen Dreckmacher wird ein Platz im Pa-
pierkorb zugewiesen.

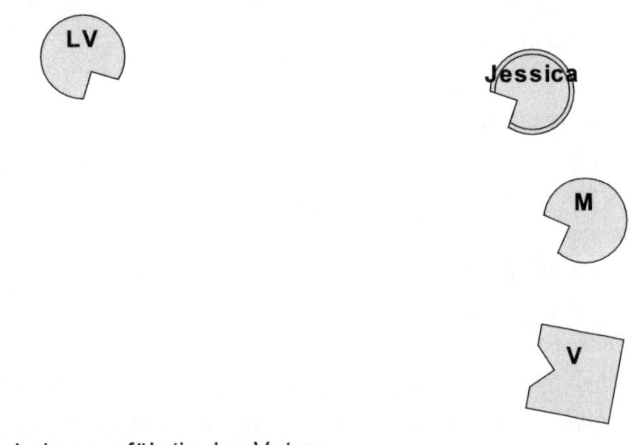

LV=Lebensgefährtin des Vaters

Abbildung 21: *Familienaufstellung von Jessica*

Innerlich sieht sich Jessica also neben ihrer Mutter,
äußert jedoch auf Nachfragen, dass sie Mama derzeit nicht
sehen will. Die Lebensgefährtin des Vaters spielt für sie
keine große Rolle. Der Vater berichtet, Jessicas Mutter rufe
jede Woche an und wolle ihre Tochter treffen. Ich bin mir

nicht sicher, ob Jessicas Weigerung, ihre Mutter zu sehen, nicht auf Loyalität zum Vater beruht, weil sie spürt, dass der Vater dazu noch nicht bereit ist.

In ihrem inneren Bild ist Jessicas Platz neben der Mutter. Das zeigt ihre Aufstellung. Die Mutter hat einen Platz in ihrem Leben. Ich spreche mit dem Vater darüber, wie er mit seiner Tochter über ihre Mutter reden könnte, ohne sie abzuwerten, aber auch ohne sie in falscher Weise zu idealisieren. Sicher, sie hat sich strafbar gemacht, aber auch andere Menschen machen Fehler oder schlimme Sachen, und jeder braucht immer wieder die Chance, noch mal neu anfangen zu können. Auf Nachfragen fallen dem Vater auch einige gute Seiten an Jessicas Mutter ein. Er nimmt sich vor, Jessica ehrlich zu antworten, falls sie nach ihrer Mutter fragen sollte.

Da das Ausgangsproblem des In-die Hose-Machens derzeit gelöst ist, vereinbaren wir zunächst keinen weiteren Termin. Bald zeigt sich jedoch, dass die Familie noch einen weiteren Anstoß braucht.

Ein halbes Jahr später kommen Jessica und ihr Vater erneut zum Gespräch. Jessica mache wieder jeden Tag in die Hose, allerdings nur zu Hause, nicht im Kindergarten. Im Kindergarten sei sie „groß", zu Hause „klein". Ein Gespräch über die Mutter hat es bisher nicht gegeben, obwohl diese weiterhin anrufe und ihre Tochter sehen wolle. Das bringt erheblichen Druck ins System, und es zeigt sich, dass auch die Geschichte des Vaters mit dieser Frau noch nicht abgeschlossen ist und er manchmal Fantasien von einer gemeinsamen Zukunft entwickelt. Jessica hat von sich aus nicht nach Mutter gefragt, vielleicht, *mutmaßt der Vater, weil sie seine Angst spüre und ihn schützen wolle. Andererseits will der Vater Jessica schützen, indem er die Informationen über die Mutter zurückhält. Ihm wird klar, dass er sich damit zu viel Verantwortung auflädt: Jessicas Mutter sollte für den „Mist", den sie gebaut hat, selber gerade stehen, auch vor ihrer Tochter. Außerdem wird Jessica durch Vaters Beschützen auch „klein" gehalten.*

Einen Monat später: Der Vater hat Jessica mit ihrer Mutter telefonieren lassen. Diese hat ihrer Tochter von sich aus erzählt, dass sie im Gefängnis sei. Vor zwei Wochen hat Jessica ihre Mutter bei einer befreundeten Familie im Rahmen eines Freigangs getroffen. Seitdem habe sie überhaupt nicht mehr in die Hose gemacht. Der Dreckmacher sei tot, sagt Jessica. Bei einem weiteren Termin zwei Monate später ist das Problem kein Thema mehr. Jessica trifft ihre Mutter regelmäßig etwa alle drei Wochen. Der Schwerpunkt liegt in dieser Stunde auf den Beziehungsproblemen des Vaters mit Jessicas Mutter, die zu ihm zurück will, und mit seiner derzeitigen Lebensgefährtin. Jessica signalisiert deutlich, dass sie damit nichts zu tun haben will. Vater soll seine Probleme alleine lösen.

Seismographisch fangen Kinder athmosphärische Schwingungen in der Familie auf. Jessica spürte genau den Druck, unter den ihr Vater geraten war durch die Anrufe von Jessicas Mutter aus dem Gefängnis, die letztlich seine ungeklärten Beziehungsfragen aufs Tapet brachten. Die sollten eigentlich geheim bleiben, vielleicht auch vor ihm selber. Das Geheimnis um die Mutter im Gefängnis war für den Vater wahrscheinlich gefährlicher als für das Kind. Oft wird der Schutz der Kinder vorgeschoben, wenn Erwachsene in Wirklichkeit selber Angst vor einem Thema haben. Als das Geheimnis aufgedeckt war, zeigte sich jedenfalls, dass Jessica bestens damit umgehen konnte. Es verband sie mit Mutter und Vater und wurde fortan zum gemeinsamen Familiengeheimnis; auch mit mir wollte sie nicht darüber sprechen. Der Vater konnte die Kraft, die er bisher für das Hüten des Geheimnisses und die daraus resultierenden Schwierigkeiten und Ängste benötigt hatte, endlich für die Klärung seiner Probleme nutzen. Eigentlich hatte der Vater etwas zu lösen und nicht Jessica, nämlich wie er in Zukunft die Beziehung zu den beiden Frauen in seinem Leben, Jessicas Mutter und der jetzigen Lebensgefährtin, gestalten wollte. Wenige Wochen später trat ein, was Jessica in ihrer Aufstellung schon vorweggenommen hatte: Der Vater trennte sich von der Lebensgefährtin. Er trennte sich innerlich aber auch noch mal von Jessicas Mutter, gestand ihr zwar ihren Platz in Jessicas Leben zu, wollte seine Zukunft aber nicht mehr auf ihren ungewissen Versprechungen gründen und beschloss, zunächst mal alleine mit seiner Tochter zu leben. Diese klaren Entscheidungen entlasteten das Familienklima sichtlich.

Oft eröffnen Kinder mit ihren Symptomen Nebenschauplätze, um Druck aus einer Situation zu nehmen, um vom Hauptkampffeld abzulenken und vermintes Gelände sozusagen zu entschärfen. Sie tun sehr viel, um Erwachsene zu schützen, und gehen sehr weit in ihrer Loyalität gegenüber den Eltern. In solchen Fällen ist den Kindern am besten geholfen, wenn die Erwachsenen sich nicht auf den angebotenen Nebenschauplätzen verzetteln und mit dem vermeintlich „kranken" Kind von einem Therapeuten zum nächsten laufen, sondern wenn sie ihre Kräfte in die Lösung ihrer eigenen Probleme investieren.

Auch im nächsten Fall war das Symptom des Kindes der Auslöser dafür, dass Eltern anfingen, in ihrem Leben etwas zu verändern.

Der 11-jährige Tim kommt mit seiner Mutter. Tim leide unter Platzangst und würde seit einiger Zeit wieder einnässen. Vor kurzem waren Mutter und Tim mit einer Freundin und deren Sohn an der Nordsee. Der Freundin sei aufgefallen, dass mit Tim etwas nicht stimme, dass er überängstlich sei, und sie habe der Mutter empfohlen, zum Therapeuten zu gehen. Tim sei mit vier Jahren aus Versehen schon mal einen Nachmittag für ein paar Stunden im Hühnerstall eingesperrt gewesen, vermutlich rühre seine Angst daher. Nun sei er im Urlaub in der Umkleidekabine eingeschlossen gewesen und habe sie nicht alleine wieder aufbekommen. Erst im Urlaub sei es auch ihr aufgefallen, wie ängstlich er sei, und dass er hin und wieder einnässe. Nachts schlafe er nie ohne Licht.

Ich lasse Tim einen Kreis zeichnen und darin Tortenstücke abteilen für verschiedene Lebensbereiche: Schule, Freizeit, Fernsehen, Katze, Sport, Familie, und auch ein Tortenstück für Angst. Das Stück für Angst ist etwa ein Drittel größer als die anderen Bereiche. Tims Ziel ist es dahinzukommen, dass die Angst nicht größer ist als die anderen Stücke. Seine Zeichnung zeigt aber auch, dass es auch jetzt schon sehr viele Bereiche in seinem Leben gibt, die von der Angst nicht beeinträchtigt sind.

Abbildung 22: Ein Tortenstück Angst

Bereits zwei Wochen später kommen Tim und seine Mutter wieder. Tim sagt: „Das Stück Angst von der Torte ist viel kleiner geworden." Was war passiert? Tims Mutter hatte sich nach unserem Gespräch von ihrem Mann getrennt und ist mit Tim zu einer Freundin gezogen. Der Mann sei Alkoholiker, sechs Jahre lang trocken gewesen, aber seit einem Jahr trinke er wieder. Die Frau hat ihn gedeckt, sein erneutes Trinken vor allen, auch vor den Kindern, verheimlicht. Sie ist putzen gegangen, um dazuzuverdienen, und hat zu Hause die schwerbehinderte Schwester des Mannes mitversorgt sowie seinen alten Vater. Dieser habe vor kurzem einen Schlaganfall gehabt und werde nun demnächst wieder nach Hause kommen, aber nun als Pflegefall. Jahrelang habe sie alles alleine gemacht und keinen Dank und keine Hilfe gehabt. Nun könne sie nicht mehr, mit zwei Pflegefällen und einem Mann, der trinke, das schaffe sie einfach nicht. Sie werde sich jetzt eine eigene Wohnung und eine richtige Arbeit suchen.

Zum ersten Mal hat die Mutter auch Tim gegenüber über Papas Trinken gesprochen. Als Tim sie fragte: „Warum redet Papa so komisch?", habe sie geantwortet: „Der? Der hat gesoffen!" Da habe er, Tim, endlich mal gewusst, was los sei.

Tim hat seit Mutters Auszug nachts keine Angst mehr gehabt und auch nicht mehr eingenässt. Im Laufe der Zeit stabilisierte sich der Zustand der Mutter. Sie findet eine eigene kleine Wohnung und auch Arbeit bei einem Schnellimbiss. Sie merkt, dass sie es alleine mit Tim und mit Unterstützung ihrer Freundin ganz gut schafft. Tim sagt: „Vielleicht ein paar Monate von Papa weg tut Mama bestimmt gut." Mama habe manchmal gesagt: „Ich gehe wohin, wo mich keiner findet." Da habe er immer ganz große Angst bekommen.

Die Mutter berichtet, dass der Ehemann noch die Schwestern habe. Aber die ganze Arbeit mit der behinderten Schwester und dem kranken Opa sei an ihr hängen geblieben. Schließlich habe sie sich gefragt: „Wann bin ich mal dran, dass ich auch mal was vom Leben habe?"

Der Ehemann besucht sie regelmäßig und bittet sie, zu ihm zurückzukehren. Er kommt besser alleine zurecht, als sie befürchtet hatte. Mit Hilfe der Gemeindeschwester versorgt er seine Schwester und seinen Vater. Wenn er davon erzählt, denkt sie: Gut, dass die mal sehen, wie viel Arbeit das ist.

In den weiteren Gesprächen ist von Tims Symptomen keine Rede mehr. Es geht nur noch um die Mutter und darum, wie sie ihr Leben und ihre Beziehung zu dem Ehemann gestaltet. Später kommt das Ehepaar gemeinsam zu einem Gespräch. Dabei bekräftigt sie noch mal ihre Absicht, keinesfalls zu ihrem Mann zurückzukehren, solange er nicht nachweislich für längere Zeit trocken sei. Ein paar

*Monate später höre ich, dass der Mann zur Suchtberatung
und zu einer Selbsthilfegruppe für Alkoholiker geht.*

Manchmal frage ich mich, wie die Geschichte dieser Familie
verlaufen wäre, wenn Tim nicht seine Symptomatik von
Platzangst und Einnässen entwickelt hätte. Ob die Mutter
dann auch den Absprung geschafft hätte, oder ob sie ihre
latente Suizidabsicht („ich gehe wohin, wo mich keiner findet") in die Tat umgesetzt hätte? Tims übergroße Angst (um
sie!) hat vielleicht mit dazu beigetragen, sie zu retten. Sie
schaffte es, ihr co-abhängiges Verhalten aufzugeben und an
ihr eigenes Wohlergehen zu denken („Wann bin ich mal
dran?!"). Dadurch kam auch bei dem Ehemann eine Menge in
Bewegung.

Zwar gab es von Seiten der Familie einige Geschichten, die
zur Erklärung für Tims Ängste angeboten wurden (eingesperrt in Hühnerstall und Umkleidekabine). Aber die weitere
Entwicklung zeigt, dass Kinder durch solche Erlebnisse
durchaus nicht dauerhaft traumatisiert werden müssen.
Wenn das Umfeld stimmt, werden sie in der Regel gut damit
fertig. Ängste um Eltern sind jedenfalls allemal schlimmer als
Ängste im Hühnerstall.

5.2 ESSSTÖRUNGEN

Essstörungen sind eine vorwiegend weibliche Reaktions-
form auf psychische Probleme. Warum in erster Linie Mädchen
und junge Frauen Störungen der Nahrungsaufnahme entwickeln, ist letztlich noch nicht geklärt.

Bei der Magersucht (Anorexia) kreisen alle Gedanken der
betroffenen Person um das eigene Idealgewicht, das viel zu
tief angesetzt wird. Mit verbissener Energie wird alles getan,

um dieses oft lebensgefährliche Untergewicht zu erreichen und zu halten. Dabei kommt es neben geradezu zwanghaft eingehaltenen Mini-Kalorien-Diäten häufig zu bewusst herbei geführtem Erbrechen und verstärktem Ausscheiden mit Hilfe von Abführmitteln. Ab einem kritischen Untergewicht setzt regelmäßig die Monatsblutung aus. Ein Alarmsignal des Körpers! Aber das stört diese Mädchen nicht. Am häufigsten erkranken Mädchen zwischen 15 und 19 Jahren. Etwa fünf bis sieben von 1000 jungen Frauen sind davon betroffen.

Wiederholte Heißhungeranfälle, ständige Beschäftigung mit dem eigenen Körpergewicht und die Angst zu dick zu werden, kennzeichnen die *Bulimie* oder auch *Fress-Brechsucht* (Bulimia nervosa). Diese Frauen haben meistens ein normales Gewicht, mitunter auch leichtes Übergewicht. Bei einer Essattacke werden vorwiegend kalorienreiche Nahrungsmittel wie zum Beispiel mehrere Tafeln Schokolade unkontrolliert hineingeschlungen. Das anschließende Erbrechen soll einer Gewichtszunahme entgegensteuern.

Auch diese Form der Essstörung betrifft nahezu ausschließlich Frauen. Die meisten sind 18 Jahre und älter. Zwei von 100 jungen Frauen entwickeln eine Bulimie. Die Tendenz ist jedoch in den letzten Jahren ansteigend, jedenfalls in den westlichen Industriestaaten.

Im Unterschied zur Magersucht, die sich ohnehin nicht verbergen lässt, versuchen viele junge Frauen mit Bulimie ihre Störung geheim zu halten. Sie entwickeln Scham und Schuldgefühle. Selbst innerhalb der Familie soll keiner davon wissen. Frauen mit Magersucht hingegen machen kein Geheimnis aus ihren Diätplänen. Sie sind stolz darauf, dass sie sich dermaßen unter Kontrolle haben und Gewicht abnehmen.

Beide jedoch haben ein gestörtes Bild von sich und ihrem Körper. Egal ob sie leicht übergewichtig, normgewichtig (Bulimie) oder untergewichtig (Magersucht) sind, meist gilt

ihre zwanghafte Aufmerksamkeit den sogenannten Problem-
zonen wie Oberschenkeln und Hüften. Ein weiterer Unterschied zwischen beiden Essstörungen ist, dass Frauen mit
einer Bulimie Beziehungen häufig wechseln bzw. abbrechen.
Frauen, die an einer Magersucht leiden, haben dagegen
Schwierigkeiten, überhaupt eine Beziehung zu Männern aufzunehmen.

Essstörungen lösen im Familiensystem immer große Aufmerksamkeit und Unruhe aus, wenn sie denn erst mal bekannt
sind. Oft gehen besorgte Mütter, mitunter auch Väter, zusammen mit ihren anorexiekranken Töchtern zum Arzt und
wollen das Problem möglichst schnell in den Griff bekommen.
Die Töchter sitzen dann meist still dabei und reden wenig.

Das gestörte Essverhalten befremdet die Eltern umso
mehr, als sie ihre Tochter vor der Erkrankung meist als
fleißiges, unauffälliges und angepasstes Kind erlebt haben.
Jetzt spüren sie umso bedrückender ihre eigene Hilflosig-
keit und ohnmächtige Wut. „Iss doch endlich mal wieder
normal", fordern sie ihre Tochter auf. Aber die will bloß ihre
Ruhe haben und ist der Ermahnungen und Bevormundungen
überdrüssig. Viele Eltern fragen sich: „Was haben wir nur
falsch gemacht?" Sie fühlen sich schuldig und versuchen
nicht selten durch übersteigerten Aktionismus, die Verantwortung für die Gesundung der Tochter zu übernehmen:
Unsere Tochter ist krank. Wir sind schuld. Jetzt müssen wir
etwas tun, damit sie wieder gesund wird. Doch die Übernah-
me von Schuld und Verantwortung durch die Eltern gibt nur
Anlass zu neuen Verstrickungen unter den Familienmitgliedern.

Sicher kann die Suche nach eigenen Fehlern für die Eltern
nützlich sein und ein verändertes Verhalten der Tochter gegenüber bewirken. Denn alle Eltern machen Fehler. Deshalb
sind sie noch lange keine schlechten Eltern.

Zerstörerisch jedoch wirken solche Schuldgefühle, wenn die Eltern sich nur selbst anklagen und alle Versäumnisse wieder gutmachen wollen, indem sie die Tochter verwöhnen und ihr keine Grenzen mehr setzen. Dann werden zwar Auseinandersetzungen vermieden und es wird nach außen Harmonie demonstriert, aber der junge Mensch wird in seinen Autonomiebestrebungen behindert und sein Weg in die Selbstständigkeit wird erschwert.

„In der Pubertät, wenn es um Ablösung und Auseinandersetzung geht, fällt es ihnen schwer, sich *abzunabeln* und von dieser *guten* Mutter zu lösen, die doch immer nur das Beste für sie gewollt hat. Diese Tatsache macht die Tochter wütend, weil sie spürt, dass sie dadurch kaum eine Chance hat, eigenständig zu werden. Aufgrund des harmonisierenden Klimas ist jedoch damit zu rechnen, dass diese Wut in der Beziehung zur Mutter nicht erlaubt und daher mit Schuldgefühlen verbunden ist.

Die Magersucht oder Bulimie kann in einem solchen Fall die wortlose Botschaft der Tochter sein, sich abzugrenzen und ihren Ärger auszudrücken."[93]

Es ist ein gefährlicher Weg, wenn eine junge Frau die Sucht wählt, um ein Gefühl von Eigenständigkeit und Unabhängigkeit zu erleben. Nicht von ungefähr heißt das Krankheitsbild Mager*sucht* und Ess-Brech*sucht:* Das Essverhalten gerät außer Kontrolle. „Der Teufelskreis aus essen wollen, es sich verbieten, dann zügellos essen und wieder darben, um nicht zuzunehmen, ist leidvoll. Die Betroffenen fühlen sich ihrer Krankheit ausgeliefert, sie halten sich für abartig und nutzlos."[94]

Um von der Sucht loszukommen, müssen die Frauen zunächst mit ihrem Suchtverhalten und den daraus erwachsenden Konsequenzen konfrontiert werden.

Ein Hauptanliegen der Therapie ist es, dass die Betroffenen selber die Verantwortung für ihre Gesundung übernehmen. So lautet eine Frage der systemischen Therapie in diesem Zusammenhang: „Wann haben Sie entschieden, Ihre Meinung und Ihre Bedürfnisse lieber mit Hilfe der Bulimie herunterzuschlucken als sie offen zu äußern?" Oder: „Angenommen, Sie würden eines Tages entscheiden, das tägliche Brechen aufzugeben, was würden Sie dann anders machen, wem würde das als erstes auffallen?" Diese Fragen implizieren, dass die Betroffenen Einfluss auf ihr Handeln haben und nicht nur tatenlos zusehen müssen. Und sie „implizieren darüber hinaus aktive Entscheidungsprozesse, welche einer einseitigen Beschreibung in *Opferrollen* entgegenwirken".[95]

Im Rahmen einer Therapie lernen essgestörte Frauen allmählich, wieder Zugang zu ihren Bedürfnissen, Wünschen und Gefühlen zu bekommen, ohne dass sie von der Angst überwältigt werden, nicht mehr geliebt zu sein. Sie üben nein zu sagen, wenn sie nein meinen, und sich abzugrenzen, wenn sie etwas zum „Kotzen" finden. So übernehmen sie schrittweise Fürsorge und Verantwortung für sich, können wieder liebevoller mit sich selbst umgehen und sich auch mit ihren Schwächen akzeptieren. In dem Maße, wie es ihnen gelingt, Kraft und weibliche Identität zu finden, wird ihre suchtartige Essstörung überflüssig.

Maria, ein junges Mädchen, wirkt verschlossen und ein wenig traurig. In ihrem Äußeren ist sie gepflegt und modisch. „Seit Monaten kann ich nicht mehr richtig schlafen. Ich werde nachts wach, stehe auf und gehe in die Küche. Alle anderen Familienmitglieder schlafen tief und fest. Ich knie mich vor unseren Kühlschrank und beginne wahllos alles in mich hineinzufressen, was ich finde. Kurze Zeit später wird mir so übel, dass ich alles wieder ausbreche. Im Bett quäle ich mich dann mit Selbstvorwürfen und verachte mich." Auf Nachfrage gibt Maria zu, dass sie sich nach dieser nächtlichen Aktion immer auch ein wenig entlastet fühle. „Ich habe das Gefühl, dass ich Dampf abgelassen habe." Tagsüber isst sie wenig, weil sie Angst hat, Gewicht zuzunehmen. Ihr Freund habe mal eine Bemerkung gemacht, dass sie ruhig ein wenig schlanker sein könne. Maria lebt im Haushalt ihrer Mutter, die von ihrem Vater geschieden ist. Im Haushalt leben noch der jüngere Bruder und der neue Lebensgefährte der Mutter.

Nur eine Freundin Marias weiß von ihrem Problem. Aus der Familie ahnt keiner etwas von dem nächtlichen Drama. Zwar habe Mutter sich gewundert, warum im Kühlschrank oft etwas fehle. Aber Maria achtet darauf, fehlende Sachen rasch wieder aufzufüllen. Das muss sie heimlich tun. Neulich sprach ihre Kollegin am Arbeitsplatz sie an: „Maria, du siehst so blass aus. Was ist mit dir los? Bekommst du nicht genug Schlaf?" Irgendwie gelang es ihr, sich dieser etwas älteren Kollegin anzuvertrauen. Nun wissen schon zwei Menschen von ihrem Problem.

Die Kollegin empfahl ihr, doch mal einen Termin beim Psychotherapeuten zu vereinbaren, was Maria nach längerem Zögern dann auch tat.

Ich schaue in ihr hübsch geschminktes, trauriges Gesicht. Was geht hinter dieser Maske vor? Was fühlt sie wirklich? Sie gibt mir das Empfinden, nicht wirklich an sie ranzukommen.

„Angenommen, ihre Mutter würde erfahren, dass Sie diese Probleme mit dem Essen haben, was wäre dann anders?", frage ich sie. „Oh, Mutter darf das auf keinen Fall erfahren. Die hat so viele eigene Sorgen. Wenn die das rauskriegt, würde es ihr ganz schlecht gehen. Das möchte ich nicht. Sie soll mich ganz in Ruhe lassen. Ich muss das alleine schaffen."

In den folgenden Gesprächen erfahre ich, dass Maria keine angenehme Kindheit hatte. Es gab viel Streit zwischen den Eltern. Vater war oft betrunken. Dann habe sie immer große Angst gehabt und sich mit ihrem jüngeren Bruder in ihr Zimmer eingeschlossen. Als sie sieben Jahre alt war, eskalierte der Streit zwischen den Eltern so, dass ihre Mutter von heute auf morgen in einer Nacht-und-Nebel-Aktion mit ihren Kindern auszog und sich in einer anderen Stadt eine eigene Wohnung und einen Arbeitsplatz suchte. Da Mutter nun den ganzen Tag arbeiten ging, wurde Maria mit dem Bruder oft zu Verwandten oder Bekannten geschickt.

Häufig musste sie aber auch alleine auf ihren jüngeren Bruder aufpassen. Sie kann wenig von einer unbeschwerten Kindheit berichten.

Einmal, vor Jahren, habe ihre Mutter verzweifelt auf dem Sofa gesessen, und vor ihr habe eine leere Schachtel Schlaftabletten gelegen. Damals habe sie Mutter an der weiteren Einnahme von Schlaftabletten gehindert, sie versorgt und zwei Tage neben ihr gewacht, bis es ihr wieder besser ging. Nach diesem Suizidversuch habe sie immer Angst gehabt, dass Mutter etwas Schlimmes passieren könnte. Nein, Mutter könne sie auf keinen Fall von ihrem Problem erzählen.

Könnte es sein, dass Maria in ihrer Essstörung Druck ablässt, Wut rauslässt, die eigentlich ihre Mutter abkriegen müsste? Wie wütend muss das Kind damals auf seine Eltern gewesen sein, nachdem sie zunächst den Vater verlor und dann auch noch ihre Mutter zu gehen drohte! Doch diese Gefühle konnte sie nicht äußern aus Angst, dass die Mutter sie dann wirklich verlässt.

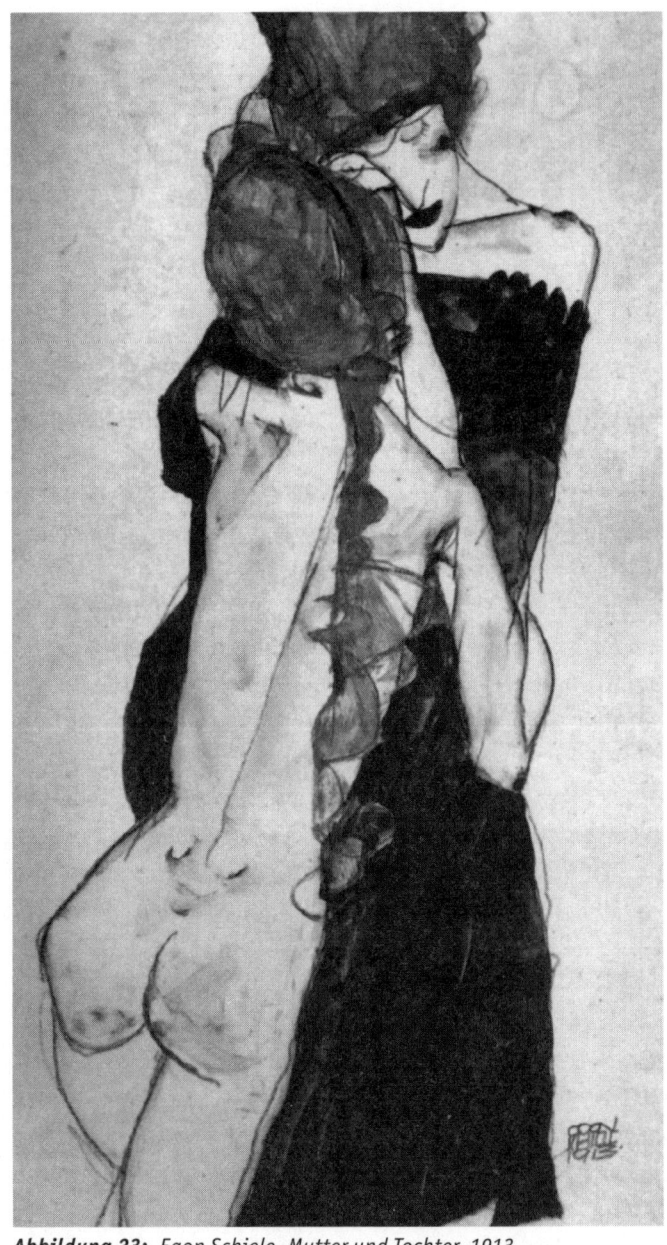

Abbildung 23: *Egon Schiele, Mutter und Tochter, 1913*

Maria hat früh gelernt, ihre eigenen Gefühle zurückzunehmen, um andere in der Familie zu schonen. Lieber bekommt sie selber die ganze Wucht eigener Frustration und Aggression ab, als dass es die Mutter treffen könnte.

Die Ess-Brechsucht ist ein Weg, diesem Ärger Luft zu machen. Es ist allerdings nur ein zweitbester Weg, eine suboptimale Lösung des Problems.

Maria versucht in der Therapie, eine bessere Lösung für sich zu finden. Sie lernt, nicht alles in sich hineinzufressen, sondern ihre Gefühle wahrzunehmen und zuzulassen und sie da auszudrücken, wo sie hingehören.

Das Bild von Egon Schiele zeigt die ambivalente Beziehung zwischen Mutter und Tochter, die bei vielen essgestörten jungen Frauen besteht. Zwar halten die beiden Frauen sich eng umschlungen, aber es ist keine Wärme in der Umarmung. Es ist eher eine verzweifelte Anklammerung. Die Mutter legt ihre Arme nicht um die Tochter, sie hüllt sie nicht schützend ein, die Tochter bleibt nackt und frierend.

Die Figuren sind kantig, eckig, unerotisch. Sie schweben in einem Nichtraum, scheinen alleine auf sich angewiesen, ohne Beziehung nach außen: Das Bild zeigt keine Kulisse, keine anderen Menschen, nicht einmal Gegenstände. Die beiden Frauen haben niemanden sonst als sich, aber in dieser Nähe liegt kein Trost.

5.3 DAS VERNACHLÄSSIGTE KIND

„Mit meiner Familie läuft alles schief", erzählt mir die *15-jährige Carola, die mit Bauchschmerzen in die Sprechstunde kommt. Ihr Blick wirkt erloschen. Ich habe den Eindruck, hier schauen mich die Augen einer ent-*

täuschten erwachsenen Frau mit jahrelangen leidvollen Erfahrungen an. Beinahe vergesse ich, dass ich ein junges Mädchen vor mir habe, das soeben dabei ist, die Schwelle vom Kindsein zur Jugendlichen zu überschreiten. Neun Geschwister und Halbgeschwister habe sie, aber nur zu vieren bestehe Kontakt. Aufgewachsen ist Carola seit dem vierten Lebensjahr in verschiedenen Heimen. Mutter lebt heute mit einem neuen Freund zusammen, der gewalttätig sei. Oma trinkt. Der Versuch einer Kontaktaufnahme zum leiblichen Vater sei soeben gescheitert. Vater habe ihr zu verstehen gegeben, dass er sich nicht für sie interessiere. Verbissen kämpft sich dieses Kind alleine durchs Leben. Wo wird sie Liebe und Geborgenheit finden, wenn sie es nie in der Familie erlebt hat? Schon mehrere enttäuschende Jungenfreundschaften liegen hinter ihr. Carola hat Familie nicht als Hafen in einer herzlosen Welt („a haven in a heartless world"[96]) erlebt. Aber sie ist auf der Suche nach Ersatz und Halt im Leben. Um auf ihr Problem aufmerksam zu machen, entwickelt sie Bauchschmerzen. Die Betreuer in ihrer Wohngruppe bemühen sich rührend um sie, wenn sie krank ist. Über die körperlichen Beschwerden komme auch ich mit ihr ins Gespräch über ihre Lebenssituation. Würde dieses Mädchen überhaupt wahrgenommen mit all ihren Problemen, wenn sie nicht nachdrücklich mit Krankheit auf sich aufmerksam machen würde?

Es ist nie zu spät, eine glückliche Kindheit zu haben, lautet ein provokativer Buchtitel des finnischen Psychiaters Ben Furmann. Der Autor hat Menschen interviewt, die ein ähnliches Schicksal hatten wie Carola. „Was hat Ihnen persönlich geholfen, die schwierigen Kindheitserlebnisse zu bewältigen?", war seine erste Frage. Er stellte fest, dass Kinder eine

Fülle von Mitteln und Methoden erfinden, um durchzukommen. Die einen suchen sich Ersatzeltern, z. B. liebevolle Betreuer in einer Wohngruppe, eine Patentante oder eine verständnisvolle Lehrerin. Andere freunden sich mit einem Haustier an, schaffen sich eine Fantasiewelt, suchen immer wieder ein Versteck auf, also eine Art geheimen Zufluchtsort, schreiben Tagebuch oder versetzen sich mittels Lesen in eine bessere Realität. Aus solchen Quellen konnten die von Furmann Befragten viel Kraft ziehen, um ihr Leben zu bestehen. Auch den Glauben sieht Furmann als eine wichtige Kraft- und Hoffnungsquelle an. „Unsere Vergangenheit", stellt er fest, „ist eine Geschichte, die wir uns in vielen verschiedenen Weisen erzählen können. Wenn wir mehr Aufmerksamkeit auf die Mittel richten, durch die wir unsere schwierigen Erlebnisse bewältigt haben, können wir anfangen, uns selbst zu achten und an die schlimmen Ereignisse in der Kindheit eher mit Stolz als Bedauern zurückzudenken".[97]

Frau P. wirkt ängstlich und bedrückt, als sie mein Sprechzimmer betritt. Ihre Stimme ist dünn und leise. Sie komme, weil sie unter Angstzuständen leide und seit einigen Jahren auch Depressionen habe. Überall, wo viele Menschen zusammenkommen, wie im Kaufhof, Bahnhof oder Kino, halte sie es nicht aus. Sie bekomme dann Schweißausbrüche, fange an zu zittern und verlasse fluchtartig den Ort. In der Vergangenheit habe sie die Erfahrung gemacht, dass Alkohol ganz gut dagegen helfe. Aber dadurch habe sie neue Probleme bekommen. Schon zweimal sei sie aus ihrer Arbeitsstelle rausgeflogen, weil sie Sekt am Arbeitsplatz getrunken hatte, und der Führerschein sei ihr wegen Alkohols am Steuer vor einem Jahr weggenommen worden. Eine Lehre als Köchin habe sie abbrechen müssen, da sie Panik in der Berufsschule be-

kam, ebenso während eines Praktikums in einer Großküche. Heute lebe sie in einer kleinen Zwei-Zimmer-Wohnung zusammen mit ihrem Freund. Der ist 13 Jahre älter als sie. Er gebe ihr sehr viel Halt. Ihr Freund ist als Lagerarbeiter angestellt, geschieden, zwei Kinder. Frau P. macht zur Zeit ein Praktikum in einem Bäckerladen und hofft, bald eine Umschulung als Krankenschwester beginnen zu können.

Die Eltern von Frau P. haben sich scheiden lassen, als sie etwa drei Jahre alt war. Den Vater kenne sie kaum. Er war immer sehr aggressiv, Alkoholiker. Mutter hatte mehrere Männerbeziehungen. Zur Zeit lebe sie mit einem Mann zusammen, der ebenfalls Alkoholprobleme hat. Als Frau P. fünf Jahre alt war, heiratete Mutter erneut. Der Stiefvater habe sie und ihren zwei Jahre jüngeren Bruder oft geschlagen. Sie habe immer Angst vor ihm gehabt. Auch er trank zu viel. „Sicher stirbt er bald an Leberzirrhose", sinniert sie. Mutter ist Küchenhilfe und sei sehr gutmütig. Sie habe sich aber nicht gegen den Stiefvater durchsetzen können. „Mutter hätte uns vor seinen Schlägen doch schützen müssen. Oder was denken Sie?", fragt sie mich unverhofft. „Dafür ist eine Mutter doch da, dass sie die Kinder schützt. Aber dazu war meine Mutter nicht in der Lage. Sie hatte viel zu viel Angst vor ihrem Mann." Auch Mutter habe oft Trost im Alkohol gesucht. „Gibt es noch Großeltern?", frage ich. Ja, die Großeltern mütterlicherseits habe sie flüchtig gekannt. Aber die sind beide schon tot. Opa hat sich vor vielen Jahren das Leben genommen, nachdem seine Geliebte sich von ihm getrennt hatte. Oma starb am Herzinfarkt. Die Großeltern väterlicherseits kenne sie nicht.

Frau P. ist seit dem neunten Lebensjahr in verschiedenen Heimen aufgewachsen, weil ihre Mutter und der Stiefvater mit der Erziehung nicht klarkamen. Frau P. be-

richtet, dass sie als Kind oft Wutausbrüche gehabt habe und häufig von zu Hause weggelaufen sei. Statt zur Schule zu gehen, habe sie in der Stadt rumgetrödelt. Erst als die Lehrerin ihre Mutter ansprach, habe die das gemerkt.

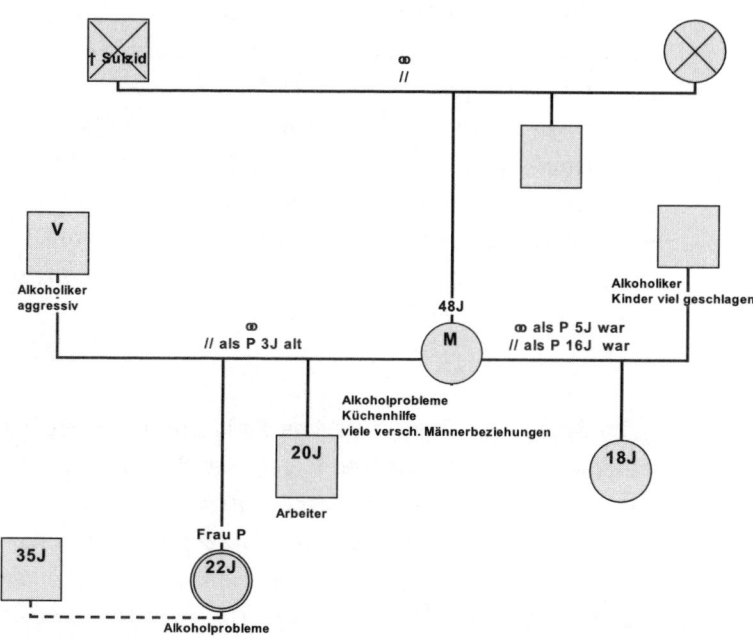

Abbildung 24: Familie von Frau P.

Eigentlich hat sich in der Familie von Frau P. keiner um die Kinder gekümmert. Auch ihr Bruder ist in verschiedenen Heimen aufgewachsen. Nur ihre jüngere Halbschwester blieb zu Hause. Mit zwölf Jahren war Frau P. drei Monate in der Psychiatrie wegen Verhaltensauffälligkeiten gegenüber ihren Mitbewohnern im Heim. Es kam oft zu

*Schlägereien. Seit etwa dem 15. Lebensjahr habe sie ihren
Ärger weniger an anderen ausgelassen, sondern an sich
selber. Sie begann, sich die Unterarme zu ritzen, bis sie
bluteten. Dann empfand sie eine gewisse Erleichterung.
Mit 17 Jahren habe sie eine Überdosis Beruhigungstablet-
ten genommen. Sie wollte einfach ihre Ruhe haben. Die
Selbstverletzungen konnte sie schließlich aufgeben.
Stattdessen wählte sie Fress- und Brechattacken und zuletzt Alkoholexzesse.*

*„Ich will meine Ängste überwinden und den Mut zur
Selbstständigkeit gewinnen", formuliert sie als Ziel für
ihre Therapie. „Ich muss aus diesem Teufelskreis raus und
auch mal wieder unter Menschen gehen. Zur Zeit bin ich
völlig isoliert. Eine Freundin riet mir, psychotherapeuti-
sche Hilfe in Anspruch zu nehmen."*

Die Ängste von Frau P. machen Sinn. Sie führen sie zur
Therapie. Entweder geht Frau P. den Weg ihrer Familie und
versucht, ihre Probleme mit Alkohol zu betäuben. Oder sie
nimmt deren Geschichte als Herausforderung an nach dem
Motto: Ich habe von meinen Eltern und Großeltern einen
Auftrag mitbekommen, den sie nicht erfüllen konnten. Meine
Aufgabe und meine Chance ist es, eine Lösung zu finden, die
Geschichte meiner Familie zu einem guten Ende zu bringen
und einen eigenen Weg ins Leben zu finden. Ohne die Angst-
störung würde sie weitermachen wie bisher.

Auch die Selbstverletzungen und die bulimische Symptomatik ergeben einen Sinn. Dadurch entlädt sich ihre gewaltig
angestaute Aggression, ohne dass sie sich an anderen Menschen schuldig macht. Aber diese Lösung ist nicht optimal.
Sie zerstört auf Dauer ihr eigenes Leben. Gelingt es Frau P.,
dieses Aggressionspotential in Kraft zur eigenen Lebensge-

staltung umzuwandeln, dann kann sie ein freier und glückli-
cher Mensch werden. Aber bis dahin ist noch eine Menge
Arbeit zu leisten. Ben Furmann schreibt: „Manche Menschen
finden schon früh Wege und Sichtweisen, durch welche sie
unerwartet gut die Schwierigkeiten ihrer Kindheit überwinden können. Aber was hindert uns daran, als Erwachsener das
zu tun, was andere als Kind getan haben? Es ist sicherlich
nicht ganz einfach, aber auch nicht unmöglich. Wir müssen
nur lernen zu verstehen, dass man die meisten Schwierigkeiten in Chancen verwandeln kann."[98]

Mittlerweile kommt Frau P. regelmäßig zu Therapie-
gesprächen. Auch hat sie Kontakt zu einer Frauen-
gesprächsgruppe in ihrer Kirchengemeinde aufgenommen.
Gerade für Menschen wie Frau P., deren leibliche Väter bzw.
Eltern sich nie um sie gekümmert haben, kann der Glaube an
einen Vater im Himmel eine große Hilfe sein. „Den Glauben
zu finden, ist für viele eine regelrechte Rettung", schreibt
Ben Furmann.[99] Der himmlische Vater verlässt sie nie und ist
immer für sie da, er interessiert sich für ihr Schicksal und hört
ihre Gebete. Aber daneben können auch christliche Gruppen
in einer Kirchengemeinde zu einer Art erweiterten Ersatzfa-
milie werden, in denen Vertrauen und Interesse aneinander
gezeigt werden, in denen aber auch gewisse Regeln gelten
und Strukturen dem Leben ein haltendes Gerüst geben.

Die französische Chansonsängerin Edith Piaf ist ein Beispiel für ein vernachlässigtes Kind, das sich von seinem
Schicksal nicht unterkriegen lässt, sondern im Gegenteil
Kampfgeist und ungeheure Energie entwickelt. Sie wurde am
15.12.1915 in der Arrestzelle einer Pariser Polizeistation geboren (nach anderer Version unter einer Gaslampe an einer
Straßenecke). Ihre Mutter war eine italienische Straßen-
sängerin, Prostituierte und Alkoholikerin, die sich überhaupt
nicht um das Baby kümmerte und es im Alter von zwei Mona-

ten an den Vater, den Zirkusakrobaten Jean Gassion, ab-
schob. Dieser brachte das Kind zu seiner Mutter, einer Bor-
dellchefin, die Edith in den ersten Lebensjahren aufzog. Im
Schulalter nahm der Vater sie wieder zu sich und bereits mit
sieben Jahren zog sie mit ihm durch Europa. Sie wurde ein Teil
seines Programms, und nach seinen Vorstellungen ging sie
mit dem Hut für ihn herum. Nie erhielt sie eine geregelte
Schulausbildung.

Mit 15 verließ sie den Vater und begann sich als Straßen-
sängerin allein in Paris durchzuschlagen. 1935 wurde sie
von dem Nachtclubbesitzer Louis Leplee entdeckt. Er gab
ihr den Spitznamen Piaf (Spatz). Leplee und das Publikum in
seinem Club waren beeindruckt von Ediths mächtiger
Stimme, gerade angesichts ihres zierlichen Körperbaus:
Sie war nur 147 cm groß und wog etwa 36 Kilo. Leplees
Nachtclub wurde auch von Leuten aus der Pariser Oberschicht
besucht. Schnell machte Edith die Bekanntschaft anderer
berühmter Leute, z. B. des Schauspielers Maurice Chevalier.
Doch ihr Leben und ihre Karriere erlitten einen jähen drama-
tischen Einbruch, als im April 1936 Louis Leplee ermordet
wurde. Edith gehörte zunächst mit zum Kreis der Verdächti-
gen und musste Paris verlassen. Für einige Zeit fristete sie ihr
Leben mit Auftritten in zweitklassigen Provinzkinos und Bis-
tros.

Aber 1937 war sie wieder in Paris und ab da begann ihre
unaufhaltsame Karriere, anfangs unterstützt von ihrem damaligen Förderer und Geliebten, dem Komponisten Raymond
Asso. Ihre Rolle während des Zweiten Weltkriegs war zwie-
lichtig: Einerseits bewirtete sie Gestapomitglieder in ihrer
Suite und trat bei Partys der Nazis auf, andererseits verhalf
sie einem jüdischen Freund zur Flucht. Während dieser Zeit
tauchten ihre Eltern wieder in ihrem Leben auf. Der Vater war
fortan bis zu seinem Tod auf Ediths finanzielle Unterstützung

angewiesen, ihre Mutter musste sie oft in volltrunkenem Zustand auf Polizeistationen auflesen.

Nach dem Krieg tourte Edith durch Europa und Amerika und wurde ein international bekannter Star. Sie schrieb ihr bekanntestes Lied, „La Vie en Rose".

Abbildung 25: *Edith Piaf hatte denkbar schlechte Startbedingungen für ihr Leben*

In ihrem privaten Leben gab es viel Auf und Ab: unstete Männerbeziehungen sowie Alkohol- und Morphiumabhängigkeit seit einem schweren Autounfall 1951. 1952 heiratete sie den Liedermacher Jaques Pills, der ihr über die nächsten Jahre die stabilste Beziehung bot, die sie je gehabt hatte. Edith förderte und unterstützte viele andere Künstler, z. B. Yves Montand und Charles Aznavour. Eddie Constantine, ein amerikanischer Sänger, schrieb über sie: „Edith lehrte

mich und sie lehrte andere alles über die Haltung eines
Sängers. Sie gab mir Zuversicht und Selbstvertrauen, wenn
ich keins hatte. Sie lehrte mich zu kämpfen, wenn ich nur
versuchte, den Kampf zu vermeiden." Kämpfen, das war es,
was schon die kleine Edith gelernt hatte, und das tat sie, bis
ans Ende. In einem ihrer letzten Lieder singt sie selbstbe-
wusst und trotzig: „Non, je ne regrette rien!" (Nein, ich
bereue nichts, 1960). Noch 1961, schon schwer krank, trat sie
im Pariser Olympiatheater auf. Sie konnte kaum noch stehen,
und keiner glaubte, dass sie das Konzert durchstehen würde,
aber gesanglich war sie in Topform wie zu ihren besten Zeiten.
18 Monate später, 1963, starb sie an Krebs. Charles Aznavour
erzählt, dass bei ihrer Beerdigung der Pariser Verkehr völlig
zum Erliegen kam.

Dieses Kind hatte einen denkbar schlechten Start ins Leben. Aber ihre harte Kindheit und Jugend hat sie nicht re-
signieren lassen, sondern ihren Kampfgeist gestärkt. Die Art,
wie sie den Zweiten Weltkrieg überlebt, zeugt von Mut und
Überlebenswillen: Sie wickelt die Gestapo ein, und gleichzeitig hilft sie einem verfolgten Juden. Sie schreibt Lieder,
gibt Konzerte und kümmert sich auch noch um ihre herun-
tergekommenen Eltern. Von denen hat sie viel: Die künstlerische Ader, die Stimme und Musikalität, die Fähigkeit vor
anderen Menschen aufzutreten, aber auch die Tendenz zu
flüchtigen Beziehungen und zur Problemlösung durch Alkohol. Sie hat nicht alle ihr überlieferten Probleme in den Griff
bekommen, aber sie hat das, was an Kraftförderndem da war
in ihrer Familiengeschichte, ausgeschöpft und selber noch
eins draufgesetzt, und damit hat sie ihrem Leben eine deutlich andere Wendung gegeben als ihre Eltern. Die Energie
dieser zarten Frau riss nicht nur in der Musik andere Menschen mit, sondern sie reichte auch noch aus, um andere
Künstler zu fördern und zu begleiten. So ist sie einerseits die

treue Tochter ihrer Eltern, aber andererseits hat sie sie um Längen überholt.

5.4 DAS KIND IN DER ELTERNROLLE

„Ich bin oft so aggressiv, kann mich gut in etwas hineinsteigern. Dann bekommt mein Freund auch mal eine Ohrfeige. Ich heule. Irgendwas stimmt mit mir nicht", berichtet Frau E. bei unserem ersten Kontakt. Sie wirkt verzweifelt. Sie selbst schildert ihr Verhalten als ‚hysterisch'. „Ich weiß dann einfach nicht, wohin mit mir. Ich komme mit meinem Leben nicht klar. In letzter Zeit habe ich schon mehrmals daran gedacht, mit dem Auto gegen einen Baum zu fahren, dann ist die ganze Scheiße vorbei . . . "*

Als junges Mädchen habe sie oft „Kreislaufzusammenbrüche" gehabt. Aber heute denke sie, dass diese Kreislaufstörungen psychische Ursachen gehabt hätten.

Frau E. ist 21 Jahre alt. Sie hat bei Aufnahme der Therapie keinen festen Job, sondern hilft in ihrem Beruf als Krankenschwester stundenweise bei Nachtwachen aus. Sie wohnt zusammen mit ihrem sechs Jahre jüngeren Bruder bei ihrer geschiedenen Mutter in einer Drei-Zimmer-Wohnung.

Seit zweieinhalb Jahren hat sie einen tunesischen Freund, der nicht gerade zimperlich mit ihr umgeht, wenn es um ihre Bedürfnisse geht. Er erwartet von ihr, dass sie sich als Frau unterordnet, wie es ihm aus seiner moslemischen Heimat vertraut ist.

Frau E.s Eltern haben sich getrennt, als sie fünf Jahre alt war. Die beiden Kinder wuchsen bei der Mutter auf.

Später kam es noch einmal zu einer kurzen Versöhnung der Eltern. Der Vater zog wieder ein. Aber als Frau E. elf Jahre war, trennten sich die Eltern endgültig.

Vater ist Gastwirt, und seit sie sich erinnern kann, trinkt er übermäßig Alkohol. Er hatte viele verschiedene Frauenbeziehungen. Nüchtern könne er sehr charmant und nett sein. Besoffen aber erscheine er ihr wie „das heulende Elend".

Mit 15 Jahren hatte Frau E. heftige Auseinandersetzungen mit Mutter. Daraufhin zog sie vorübergehend zum Vater.

Dort aber gab es kein geregeltes Leben für sie. Fremde Frauen und Freunde gingen im Haus des Vaters ein und aus. Von ihr nahm keiner Notiz. Um mitzuhalten und nicht ganz außen vor zu sein, begann auch sie schließlich bei den abendlichen Zusammenkünften Alkohol zu trinken. Der Schule blieb sie immer häufiger fern. Die abendlichen Feten hinterließen meist ein Schlachtfeld, das sie am nächsten Tag aufräumte. Dabei musste sie auch Erbrochenes aufwischen. Man erwartete das von ihr wie selbstverständlich. Keine von Vaters vielen Frauen kümmerte sich um den Haushalt, geschweige denn um sie. Vielmehr sorgte sie dafür, dass Vater regelmäßig zu essen bekam, indem sie für ihn kochte. „Schließlich kam ich mir nur noch wie eine billige Putzfrau und Haushaltshilfe vor. Eigentlich bin ich ja zu Vater gezogen, damit er sich mal um mich kümmern sollte."

Nach fünf Monaten hielt sie es nicht mehr aus. Sie schluckte Tabletten und stürzte sich die Kellertreppe hinunter. Wie durch ein Wunder passierte ihr nichts.

Durch dieses Erlebnis wach gerüttelt, zog sie bald darauf bei Vater aus und wieder zurück zur Mutter, die mittlerweile mit einem neuen Freund zusammen lebte.

Von diesem Zeitpunkt an trank sie keinen Alkohol mehr, ging wieder zur Schule und erreichte schließlich den erweiterten Realschulabschluss. Anschließend absolvierte sie die Ausbildung zur Kinderkrankenschwester.

Frau E. stellt ihre Familie auf:

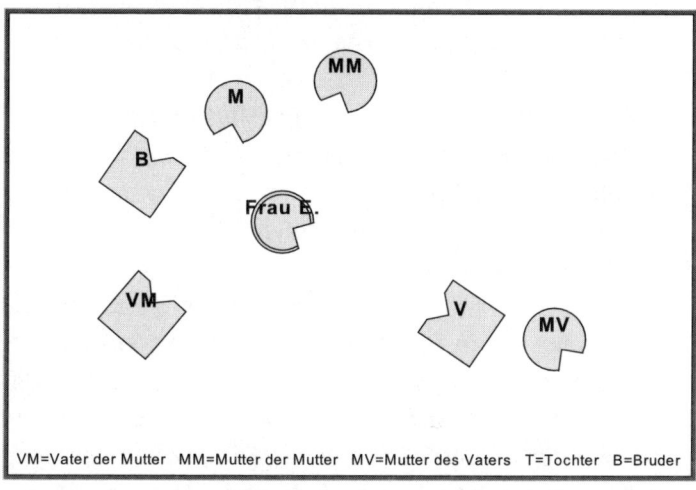

VM=Vater der Mutter   MM=Mutter der Mutter   MV=Mutter des Vaters   T=Tochter   B=Bruder

Abbildung 26: *Familienaufstellung Frau E.*

Frau E. stellt sich spontan näher zur mütterlichen Familie. Aber sie ist die einzige, die Vater anschaut. Sie habe sich immer für ihren Vater eingesetzt und ihm Hilfe angeboten. Ihre Mutter und ihr Bruder hingegen seien bis heute gegen den Vater. Auch die Großeltern, bei denen sie die ersten Jahre ihres Lebens aufgewachsen ist, wollen mit dem Vater nichts zu tun haben. Obwohl der Vater sich kaum um unsere Patientin gekümmert hat, fühlt Frau E. sich ihm verpflichtet. „Irgendwer muss doch für ihn sorgen. Wenn er wie ein heulendes Elend vor mir steht, dann habe ich das

Gefühl, dass ich ihm helfen muss." „Wer muss wem helfen? Wer hat sich um wen zu kümmern?", frage ich sie. „Sollte sich ein Vater um seine Kinder kümmern und sie schützen oder umgekehrt? Sind die Eltern für die Kinder da oder die Kinder für die Eltern?"

Vater steht ganz alleine. Seine eigene Mutter schaut weg. Seinen Vater, also den Opa väterlicherseits, hat Frau E. außerhalb des Familienbrettes gestellt. Er sei ein „Arschloch" gewesen; Alkoholiker, und zudem gewalttätig, ein Egoist.

Frau E. steht zwischen Vater und Mutter. Für beide will sie da sein. Sie spürt die innere Spannung, die sie zu zerreißen droht. Am liebsten würde sie in beide Richtungen schauen. Aber das geht nicht auf dem Brett. Sie kann sich nicht zerteilen.

Frau E. ist ein Kind ohne Eltern, obwohl sie Eltern hat. Wir nennen das in der Psychotherapie eine „Parentifizierung des Kindes": Nicht die Eltern sind für das Kind da, sondern das Kind ist für die Eltern da, und zwar schon in einem Alter, in dem es von seiner Entwicklung her völlig damit überfordert ist. Es fühlt die Verpflichtung, sich um die Eltern zu kümmern und deren Probleme zu lösen. Das wird auch in Frau E.s Aufstellung deutlich. Nicht die Eltern stellen sich symbolisch schützend hinter oder auch neben das Kind, sondern das Kind versucht, die Eltern beieinander zu halten.

Frau E. lässt sich von ihrem Vater zur Putzfrau und Haushälterin degradieren. Ein verzweifelter Versuch, Vater wach zu rütteln: Siehst du nicht, dass die Verhältnisse verdreht sind?! Du hast die Aufgabe, dich um mich zu kümmern. Verzweifelt war sie in die Arme von Vater geflohen, nachdem sie bei Mutter nicht den Rückhalt erlebte, den sie sich gewünscht hatte. Aber Vater lässt sie arbeiten wie ein Sklavin, kommt aus seinem eigenen Teufelskreis nicht heraus – und Mutter schreitet bei dieser Inszenierung nicht schützend ein!

Es grenzt an ein Wunder, dass dieses Kind es schafft, einen Weg aus der Ausweglosigkeit zu finden und Autonomie zu entwickeln: Sie zieht bei Vater aus und nimmt ihr Leben soweit in die Hand, dass sie eine bemerkenswerte psychosoziale Stabilität und Integration in die Gesellschaft erreicht. Sie macht einen guten Abschluss an einer weiterführenden Schule. Sie führt eine Ausbildung zuende – bezeichnenderweise in einem Helferberuf.

Jetzt, mit 21 Jahren, gerät sie in eine Krise, weil sie in ihrer Beziehung zum Freund Erfahrungen von Ausgeliefertsein, Ohnmacht und Wut erlebt, die sie an ihre Kindheit und ihre Familiengeschichte erinnern.

Ihr Bild von sich und ihrer Familie muss sich ändern, wenn Frau E. ihre Zukunft im Blick haben will und fürsorglich mit sich selber umgehen will. Erste Schritte in diese Richtung sind ihr bereits gelungen. Sie ist bei ihrer Mutter ausgezogen und hat sich eine eigene Wohnung gemietet. Ein fester Job gibt ihr die finanzielle Möglichkeit dazu. Das Aufstellungsbild ihres Familiensystems sieht jetzt anders aus:

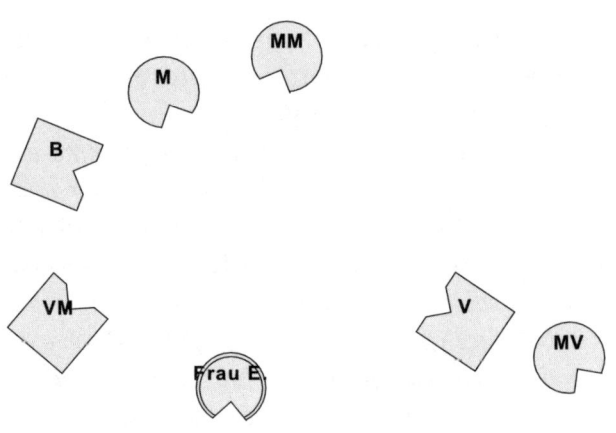

VM=Vater der Mutter   MM=Mutter der Mutter   MV=Mutter des Vaters   T=Tochter   B=Bru

Abbildung 27: *Familie von Frau E. – Veränderung*

Durch den Auszug aus der Wohnung der Mutter hat Frau E. mehr Abstand bekommen. Die Probleme, die die Mutter und ihr jüngerer Bruder miteinander haben, tangieren sie nicht mehr so sehr. Sie rege sich nicht mehr darüber auf. Wenn Vater in „rührseliger Bierlaune" seine „depressiven Weltschmerzgesänge" anstimme, höre sie sich das immer seltener an. Durch den Einzug in ihre eigene Wohnung und den festen Job kann Frau E. für sich selber sorgen und erlebt auch in den finanziellen und alltäglichen Dingen, die zu regeln sind, zunehmende Selbstständigkeit. Im Aufstellungsbild fällt auf, dass Frau E. jetzt einerseits mehr Abstand zur Mutter hat, andererseits ist ihr Blick nicht mehr auf den Vater fixiert. Mutter und der Bruder verhalten sich anders, seit Frau E. auf Distanz gegangen ist. Sie schauen sich nicht mehr konfrontierend an, sondern ihr Blick nach vorne ist frei. Frau E. berichtet, dass sich ihr Verhältnis zur Mutter seit dem Auszug deutlich gebessert habe. *Mutter meckere nicht mehr an allem herum. Sie bekomme ja auch nicht mehr alles mit. Mit dem Bruder könne sie seit dem Auszug vernünftiger reden.*

Neulich hat sie sogar Vater und Mutter mit dem Bruder zusammen zum Essen eingeladen. Es sei ein ganz harmonischer Abend gewesen. Aber als Vater sie eine Woche später anrief, „alkoholisiert und weinerlich", konnte sie das Gespräch kurz, knapp und freundlich führen, ohne sich Vater verpflichtet zu fühlen und gleich hinzufahren. *Vater muss seine Probleme selber lösen*, meinte sie dann auch. *Sie müsse sich jetzt um ihre eigenen Probleme kümmern.* In der Aufstellung ist ihr Blick nach vorne gerichtet, in ihre Zukunft. Und da gibt es einiges zu tun. Zunächst muss sie ihr Beziehungsproblem lösen, ohne in eine neue Abhängigkeit zu gelangen, in der sie sich nur für den anderen verantwortlich fühlt und ihre Fürsorge für sich selbst vernachlässigt.

6 Der Apfel fällt nicht weit vom Stamm – eine biblische Familiengeschichte

Der Apfel fällt nicht weit vom Stamm. Eigentlich wollen Menschen ja alles anders und besser machen als ihre Eltern. Aber dann bemerken sie an sich die gleichen Eigenschaften, benutzen die gleichen Verhaltensmuster. Und das ist nicht erst heute so. Schon auf den ersten Seiten der Bibel werden solche Grundkonflikte in der Familie beschrieben:

Eigentlich hätte Jakob es besser wissen müssen. Er und sein Zwillingsbruder Esau hatten in heftigster Konkurrenz zueinander gestanden, bis hin zu Mordgedanken. Ursache dafür war gewesen, dass jeder der Eltern ein Lieblingskind hatte: Mutter Rebecca bevorzugte Jakob, Vater Isaak den erstgeborenen Esau. Diese ungleiche Behandlung durch die Eltern hat unglaublich viel Leid über die Familie gebracht und das Verhältnis der Brüder zueinander auf Jahre zerstört.

Eigentlich also hätte Jakob es wissen müssen, wie viel Unglück entsteht, wenn Eltern einem Kind besondere Beachtung und Fürsorge zukommen lassen. Doch es ist eigenartig: Über Generationen hinweg machen Menschen in derselben Familie oft die gleichen Fehler, finden sich ähnliche Problemstellungen und die gleichen schlechten Lösungen.

Jakobs Familie war recht unüberschaubar. Von insgesamt zwei Haupt- und zwei Nebenfrauen hatte er zwölf Söhne und jede Menge Töchter. Seine Frau Rahel liebte er am meisten.

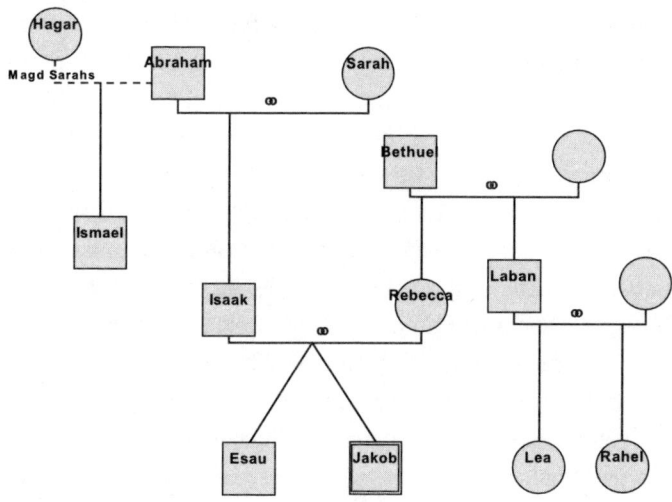

Abbildung 28: Jakobs Herkunftsfamilie

Um sie heiraten zu können, hatte er sieben Jahre bei seinem Schwiegervater gearbeitet. In 1. Mose 29 steht der anrührende Satz: Und die sieben Jahre kamen ihm vor, als wären es einzelne Tage, so lieb hatte er sie (Vers 2). Wenn es nach Jakob gegangen wäre, wäre es wahrscheinlich bei dieser einen Frau geblieben. Doch dann schob sein Schwiegervater ihm bei der Hochzeit erst einmal die ältere Schwester Lea auf wenig schöne Art und Weise unter. Jakob wollte Lea gar nicht haben, die schöne Rahel war die große Liebe seines Lebens. Lea wusste offenbar ganz genau, dass sie emotional bei Jakob immer die zweite Geige spielen würde. Deshalb versuchte sie ihre Schwester und Mit-Ehefrau Rahel durch Kinderkriegen auszustechen, sie bekam sechs Söhne und schickte auch noch ihre Magd in Jakobs Bett, mit dieser zeugte er zwei weitere Söhne.

Ob das so eine gute Idee war von dem Schwiegervater, Jakob gleich seine beiden Töchter als Ehefrauen anzudrehen, scheint mir zweifelhaft, denn die Eifersucht und der Neid zwischen den beiden muss riesengroß gewesen sein und hat das Klima vergiftet, wie man in 1. Mose 29,31 bis 30,24 nachlesen kann. Was hat der Mann seinen Töchtern angetan! Eltern meinen so oft, sie tun das Beste für ihr erwachsenes Kind, wenn sie in dessen Leben eingreifen, und bewirken damit manchmal nur Unglück und böse Verstrickungen. „Wir haben es doch nur gut gemeint", heißt es dann oft im Nachhinein als Rechtfertigung. Aber „gut gemeint" ist manchmal das Gegenteil von gut. Gut wäre es, Grenzen zu respektieren und erwachsenen Kindern zuzumuten, die Verantwortung für ihr Leben selber zu übernehmen. Glückliche Ehefrauen sind sie jedenfalls beide nicht geworden, Lea nicht und Rahel nicht, und auch Jakob scheint manchmal ganz schön überfordert gewesen zu sein mit diesem Haufen intrigierender Frauen (vgl. 1. Mose 30, 2). Sage auch keiner, die Vielehe sei eine gute Lösung, das Alte Testament stellt das jedenfalls alles andere als rosig dar.

Rahel hatte Probleme, Kinder zu bekommen, wie schon Jakobs Mutter und Jakobs Großmutter. Auch das ist also ein Zug, der in Jakobs Stammbaum immer wieder auftaucht, die Unfruchtbarkeit der Frauen, und man kann sich fragen, was wohl in diesen Ehen abgelaufen ist, dass die Frauen immer erst nach vielen Jahren Kinder zur Welt bringen konnten . . . Auch Rahel schickt erst mal ihre Magd zu Jakob, die stellvertretend für sie zwei Söhne bekommt, und erst nach vielen vergeblichen Bemühungen bringt Rahel selber schließlich Josef zur Welt, und einige Zeit später Benjamin. Tragischerweise stirbt sie bei Benjamins Geburt.

Jakob hat also bei Rahels Tod zwölf Söhne von vier verschiedenen Müttern. Vermutlich hat in dieser Jungenhorde ein rabiater Umgangston geherrscht, potenzierte Aggressivität. Als sie älter wurden, zeigten sie sich jedenfalls nicht

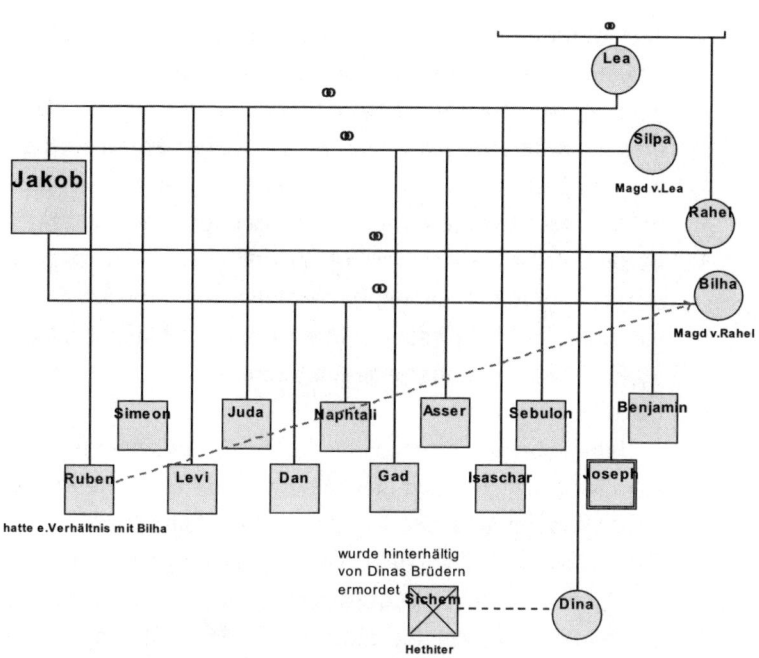

Abbildung 29: *Familienstammbaum Josefs*

gerade zimperlich in ihren Verhaltensweisen. Doch nach außen hielten sie zunächst einmal zusammen: Eines Tages wird
ihre Schwester Dina vergewaltigt. Die Rache ihrer Brüder ist
so hinterlistig, heimtückisch und ohne jedes Maß, dass Vater
Jakob sich nicht mehr bei den Leuten blicken lassen kann und
wegziehen muss. Der Apfel fällt nicht weit vom Stamm: Sowohl bei Vater Jakob als auch beim Großvater Laban gehörten
List und Heimtücke zum Handlungsspektrum, beide hatten
auf übelste Weise andere überlistet und sich auch gegenseitig
übers Ohr gehauen. Wie heißt es doch so treffend: Unsere
Kinder werden nicht, wie wir sie erziehen, sondern wie wir
sind. Wenn wir lügen und andere reinlegen, werden die Kinder das als probate Mittel ansehen, durchs Leben zu kommen,

auch wenn wir ihnen verbal vermitteln, dass Lügen falsch ist.
Erziehung hat gar keinen Sinn, die Kinder gucken sich doch
alles ab, hat mal jemand gesagt. Erziehungsarbeit wäre also
erst mal Arbeit an sich selber! An sich selber legten auch die
zwölf Brüder nicht so harte Maßstäbe an: Wenn ein anderer
ihre Schwester vergewaltigt, der hat den Tod verdient, aber in
Bezug auf die Frauen ihres Vaters sind sie nicht so zart be-
saitet: Der Älteste, Ruben, hat offenbar kein Problem damit,
mit einer der Nebenfrauen seines Vaters zu schlafen (1. Mose
35,23), also mit seiner eigenen Stiefmutter. Das waren Verhältnisse!

Und dann noch Vater Jakob, der nichts aus seiner eigenen
Familiengeschichte und den Fehlern seiner Eltern gelernt zu
haben scheint und den ältesten Sohn seiner Lieblingsfrau
Rahel, Josef, total vorzieht. Verständlich, aber trotzdem fa-
tal. Josef wird einerseits verwöhnt und bekommt als einziger
teure Kleidung, was ihn deutlich von den anderen abhebt,
aber andererseits bekommt er viel zu früh viel zu viel Verantwortung übertragen: Er, der Zweitjüngste, kontrolliert seine
älteren Brüder und berichtet dem Vater, wenn sie Fehler
machen. Sicherlich, Jakob ist innerlich einsam nach dem Tod
seiner Lieblingsfrau, und in dem Sohn sieht er sie, zumal
Josef auch die Schönheit seiner Mutter geerbt hat (1. Mose
39,6). Aber Jakob tut seinem Sohn nichts Gutes. Josef hat
nicht die Möglichkeit, Kind zu sein, und sich auf gleicher
Ebene mit den Brüdern auseinanderzusetzen, sich mit ihnen
zu prügeln, zu streiten und zu versöhnen und Streiche aus-
zuhecken. Er wird stattdessen der Vertraute des Vaters und
muss Erwachsenenaufgaben übernehmen, die von seiner
Entwicklung her noch gar nicht dran sind. Er sollte spielen
und sich streiten und Streiche aushecken, stattdessen muss
er Vaters Sorgen teilen. Ein parentifiziertes Kind, und zugleich ein einsames Kind. Deshalb entwickelt er kein Gefühl

für das Miteinander unter den Brüdern und auch nicht dafür, wie sein Verhalten auf die Brüder wirkt. Wer im Streit mit Gleichaltrigen zu sehr beschützt oder geschont wird, dem wird auch eine Möglichkeit genommen, sich auszuprobieren, sich zu beweisen, seine Grenzen kennenzulernen, mit Verletzungen umzugehen, Kompromisse zu schließen.

Das Erschütternde an der Geschichte von Josef ist, dass der Hass der Geschwister seine Wurzel nicht in den Träumen Josefs hat oder in seinem Verhalten, sondern in der Handlungsweise des Vaters. Es heißt in 1. Mose 37,4: „Als nun seine Brüder sahen, dass ihn ihr Vater lieber hatte als alle seine Brüder, wurden sie ihm feind und konnten ihm kein freundliches Wort mehr sagen." Sie beneiden Josef um die Liebe des Vaters, von der er mehr bekommt als alle anderen. Josefs Träume setzen dem Ganzen dann noch die Krone auf: Zuerst träumt Josef, dass er und seine Brüder Garben auf dem Feld binden, und seine Garbe richtet sich auf, die Garben der Brüder aber stellen sich im Kreis um ihn herum und verneigen sich vor seiner Garbe. Und als zweites träumt er, dass Sonne, Mond und elf Sterne sich vor ihm verneigen. Eigentlich waren das nichts anderes als Omnipotenzphantasien eines 17-Jährigen. Im Grunde spiegeln Josefs Träume seine derzeitige Situation. Die Bilder sind dem Alltag der Nomadenfamilie entnommen, im ersten Traum der Feldarbeit. Wie Josef sich wohl im Traum fühlte? Geschmeichelt und hofiert, weil sich alle Garben der Brüder vor seiner verneigen? Bestärkt in dem Bewusstsein, etwas Besonderes zu sein? Oder war vielleicht auch ein ungutes Gefühl dabei, spürt er die Neid- und Hassgedanken der Brüder, auf ihn, den Zweitjüngsten, der sich da eine Stellung anmaßt als Mittelpunkt der Familie, die ihm gar nicht zusteht. Fühlt er sich wirklich so ganz wohl in seiner Haut? Das Thema des Traumes ist auch das Thema der Familie, denn tatsächlich war Josef ja Vaters Liebling und Vertrauter

und der Kontrolleur der Brüder. Der Traum nimmt dieses
Problem auf und spitzt es zu. Träume sind aber nicht immer
nur Abbild unsres Alltags, oder Bestätigung unsres Verhaltens, sondern sie können uns manchmal helfen, uns selbst
und unsere Situation besser zu verstehen und ggf. etwas zu
ändern. Ob Josef die Botschaft seines Traums versteht? Vielleicht hätte sein Traum ihm eine Warnung sein können: Josef,
du maßt dir einen Platz an, der dir gar nicht zusteht; reihe
dich lieber bei den anderen elf mit ein. Aber ein 17-Jähriger,
dem von klein auf vom Vater vermittelt wurde, er sei etwas
Besonderes, der ist wahrscheinlich überfordert, sich einfach
neben die anderen zu stellen, als einer von ihresgleichen.
Josef jedenfalls erzählt den Traum – stolz, naiv, unbedarft? –
seinen Brüdern und zementiert damit geradezu seinen Platz
in der Mitte. Kein Wunder, dass die Brüder stinksauer werden
und das als ungeheuren Affront ansehen.

Der nächste Traum benutzt Bilder des Sternenhimmels bei
hereinbrechender Nacht. Wenn die Nomaden in der Dämme-
rung nach getaner Arbeit draußen vor ihrem Zelt saßen, dann
sahen sie die untergehende Sonne, den bereits aufgehenden
Mond und die Sterne. Das Motiv des Sternenhimmels hatte
Gott schon bei Josefs Urgroßvater Abraham benutzt (1. Mose
15,5). Josefs Traum nimmt den Familienkonflikt noch einmal
auf und führt das Thema quasi ad absurdum: Denn nun verneigen sich nicht nur elf Sterne, sondern auch die Sonne und
der Mond vor ihm. Josef, der Mittelpunkt des Universums?

Hier wird die Anmaßung eigentlich noch deutlicher. Spürt
Josef jetzt nicht einen Schrecken nach dem Motto: Wer bin ich
eigentlich, dass die sich alle vor mir demütigen? Josef, gehst
du nicht zu weit, wenn du denkst, alle Welt müsse dir zu
Füßen liegen? Solche Anmaßung kann gefährlich sein, sie
grenzt an Größenwahn. Komm erst mal auf den Teppich,
Josef, und suche die Verbindung zu deinesgleichen.

Abbildung 30: *Josefs Kleid: Josef, der Mittelpunkt des Universums?*

Auf dem Bild macht Josef sich sehr breit, aber im Kontrast zu seinem üppigen Gewand ist sein Gesicht schmal, seine Hände zartgliedrig und zerbrechlich. Seine linke Hand ist abwehrend zur Sonne hin gerichtet, als ob ihm das doch alles zu viel würde. Die Spitzen der beiden Dreiecke, in denen die Brüder angeordnet sind, bohren sich in sein Herz und in sein linkes Bein. Die rechte Hand hält er, als führe er eine Robe vor, oder fasst er sich damit erschreckt an die Brust? Auch der

Boden unter seinen Füßen scheint nicht sicher, Josef berührt eigentlich nur mit dem rechten Vorderfuß den Boden; fast sieht es so aus, als schwebe er. Dieser Josef steht nicht mit beiden Beinen auf der Erde, und er wirkt bei aller raumfüllenden Präsenz eigentümlich zerrissen und überfordert. Die biblische Geschichte geht jedoch so weiter, dass Josef in dem Traum nur seine Sonderstellung bestätigt zu sehen scheint, er spürt nicht seinen Gefühlen nach, er schiebt alle negativen Gefühle beiseite, scheint irgendwie dümmlich stolz auf den Traum zu sein und posaunt ihn prompt hinaus. Das bringt die Brüder und nun auch den Vater auf die Palme, zumal Träumen damals eine hohe Bedeutung zugemessen wurde. Auch der Vater wird wütend, vielleicht aber auch, weil der Traum ihm wie in einem Spiegel das Ungleichgewicht in der Familie und seine eigenen Erziehungsfehler vor Augen hält. So sieht es jedenfalls der Schriftsteller Thomas Mann, der einen Roman über Josef geschrieben hat. 1355 Seiten hat sein Buch. Thomas Mann schreibt: „Der schwache Vater! Er hatte wohl ergrimmen mögen über das Bild, dass er und sie alle kommen würden, den Nichtsnutz anzubeten. Das war ihm misslich zu hören, – denn betete er ihn nicht an?"[100] Später wird übrigens Josef selber mit mehr Vorsicht und Demut an Träume herangehen: Traumdeutung ist Gottes Sache, das steht nicht bei mir, wird er den beiden Angestellten des ägyptischen Königs und zwei Jahre später auch diesem selber sagen. Und das bedeutet ja, dass man erst mal still für sich darauf hören und dem nachspüren muss, was Gott einem durch die Träume sagen will. Und dabei wird Josef es dann auch lernen, aus Träumen Konsequenzen für ein verändertes Verhalten abzuleiten, man denke nur an die Träume des Pharaos von den fetten und mageren Kühen und die daraus resultierende weise Vorratshaltung in Ägypten. – Aber bis es soweit kommt, muss er erst noch einiges erleben und lernen.

Es muss wirklich eine gehörige Portion Naivität dazuge-
hören, angesichts des angespannten Familienklimas diese
Träume unbedarft zu erzählen. Der zweite Traum geht noch
einen Schritt weiter als der erste, er bezieht die Eltern mit ein.
Und dabei passiert etwas ganz Gefährliches: Damit stellt Jo-

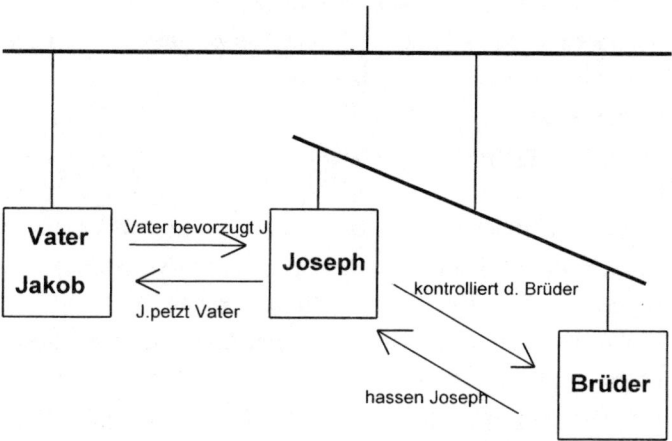

Abbildung 31: *Familienmobile in der Zeit vor Josefs Träumen*

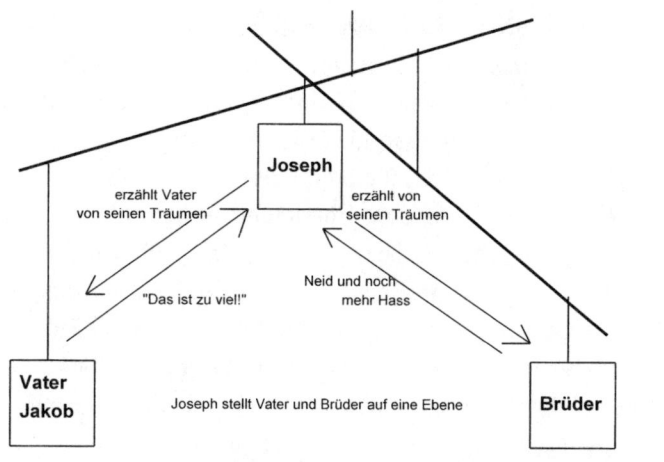

Abbildung 32: *Familienmobile in der Zeit nach Josefs Träumen*

sef sich nämlich ins Abseits. Stand er bisher zwar über den Brüdern, aber immerhin neben dem Vater, stellt er sich nun mit diesem Traum über Brüder und Vater. Und damit steht er nun ganz allein, oben, aber einsam. Manchmal bringen kleine Schritte das bisherige Familiensystem ins Wanken. Es ist doch eigentlich klar, dass Jakob sich diese Degradierung nicht so ohne weiteres gefallen lässt. Er weist Josef zurecht: Soll etwa ich und deine Mutter und deine Brüder kommen und vor dir niederfallen?

Das Gleichgewicht ist nun vollkommen aus den Fugen, der Hass der Brüder größer als je zuvor, womöglich noch bestärkt durch den Unwillen des Vaters. Sie lechzen nun geradezu danach, es dem Kleinen zu zeigen, ihm zu beweisen, wer das Sagen hat, und dann nimmt das Drama seinen Lauf.

Man kann die Eskalation von Streit und Gewalt an dieser Geschichte sehr schön nachvollziehen. Am Anfang steht die Bevorzugung Josefs durch den Vater. Die Sonderstellung Josefs erregt den Hass der Brüder. Josef zementiert diese Sonderstellung durch seinen ersten Traum. Das vergrößert den Hass. Im zweiten Traum setzt Josef sozusagen noch einen drauf und stellt sich nun auch über den Vater. Der Vater kriegt jetzt, etwas spät, offensichtlich doch einen Schreck über das, was er mit angerichtet hat, die Größenfantasien seines Lieblings, und kritisiert ihn. Die Degradierung des Vaters ist der Tropfen, der das Fass zum Überlaufen bringt. Die Brüder solidarisieren sich mit Jakob und ihr Hass auf den Zweitjüngsten wird noch größer. Also: Je mehr Josef bevorzugt wird, desto mehr hassen ihn die Brüder. Je mehr die Brüder ihren Hass zeigen, desto mehr betont Josef seine Vorrangstellung, desto weiter begibt er sich aber auch ins Abseits. Eine gefährliche Spirale. – Es gibt nie nur ein Problemkind in einer Familie, sondern problematisches Verhalten in Familien findet immer in einem Interaktionszirkel statt, und durch

aktives Handeln aller Beteiligten wird dieses Verhalten auf-
recht erhalten.

Warum hat der Vater nach dem zweiten Traum nicht endlich
nicht nur mit Worten, sondern auch mit Taten gegengesteu-
ert und Josef in seiner Vorrangstellung eingeschränkt? Das
hätte die Eskalation von Hass und Vormacht durchbrochen.
Josefs letzter Traum hat zwar Vater Jakob die Augen geöffnet,
aber keine Konsequenzen in seinem Umgang mit seinem
Lieblingssohn gezeitigt. Doch Erkenntnis allein nützt nichts,
wenn nicht ein verändertes Verhalten dazu kommt. Wie oft
erkennen Eltern, dass etwas schief läuft mit ihren heranwachsenden Kindern, und scheuen doch den Konflikt, den ein
konsequenterer Erziehungsstil mit sich bringen würde. Lieber
lässt man alles weiter laufen und hofft gegen besseres Wissen, dass doch noch alles gut gehen wird. So auch bei Jakob.
Mit Worten hat er Josef zwar in die Schranken gewiesen, aber
nicht mit Taten. Das vertraute Verhaltensmuster sitzt tief, es
läuft alles weiter wie bisher: Die Brüder ziehen mit dem Vieh
nach Sichem auf der Suche nach guten Weideplätzen, Josef
bleibt zu Hause bei dem Vater. Erst einige Zeit später kommt
Vater Jakob auf die unglückselige Idee, Josef den Brüdern
hinterherzuschicken, um zu sehen, was sie treiben, und um
später dem Vater über sie zu berichten.

Sichem lag ungefähr 80 km nördlich von Hebron, wo Jakob
seine Zelte hatte. Josef trifft nach langem Fußmarsch dort
ein, findet aber seine Brüder nicht mehr vor. Das scheint ihn
völlig aus dem Konzept zu bringen. „Da fand ihn ein Mann,
wie er umherirrte auf dem Felde", heißt es in Vers 15. Typisch
verwöhntes Kind, er hat keine große Frustrationstoleranz
und bringt es nicht fertig, das Problem aktiv anzugehen. Der
fremde Mann muss ihn ansprechen und ihn fragen, was er
denn suche. Ich finde es beeidruckend, wie die Bibel in so
kargen Sätzen ein Charakterbild entstehen lässt. Thomas

Mann hat sich ein aufschlussreiches Gespräch zwischen Josef und dem fremden Mann ausgedacht: „Du kennst es wohl wenig", fragte der Fremde, „dass etwas nicht gleich nach deinem Kopfe geht? Du scheinst mir ein Muttersöhnchen." „Ich habe gar keine Mutter", versetzte Josef verdrießlich. „Ich auch nicht", sagte der Fremde. „Aber ein Vatersöhnchen scheinst du mir also."[101] Nun gut, der Mann kann Josef weiterhelfen, die Brüder sind nach Dothan gezogen, erklärt er ihm, also noch ca. 20 km weiter nördlich. Schon von weitem sehen seine Brüder ihn kommen, kein Wunder, er ist ja gut erkennbar an seinem exklusiven bunten Obergewand.

Wenn einer nicht freiwillig auf den Teppich kommt, dann muss er eben mit Gewalt dahin gebracht werden, sagen sich die Brüder, und womöglich fühlen sie sich in ihrer Einstellung innerlich unterstützt vom Vater, der sich nach Josefs zweitem Traum zumindest verbal erstmalig auf ihre Seite gestellt und Josef kritisiert hat. Das Maß ist voll, wir werden dir das Handwerk legen, Bürschchen. Dann wird dir das Träumen schon vergehen. Da unten in der Grube, und dann auf dem Weg ins Sklavendasein, da kannst du darüber nachdenken, was sie wert sind, all deine Träume. Nein, der Zorn der Brüder ist nicht verraucht. Er ist sorgfältig konserviert worden und wird nun mit dem nötigen Feuer belebt. Am liebsten wollen sie ihn umbringen. Mit Mühe kann Ruben, der Älteste, sie davon abhalten und sie überreden, Josef in die Grube zu werfen. Zum ersten Mal in dieser Geschichte treten hier die Brüder nicht als homogene Gruppe auf, sondern es zeigen sich Unterschiede. Ruben, als der Älteste von allen, zeigt am meisten Verantwortungsgefühl. Er will Josef heimlich befreien und wieder zu seinem Vater bringen. Das darf er aber nicht sagen. In Familien und unter Geschwistern gibt es mitunter feste Verpflichtungen auch hinsichtlich der Gegnerschaft oder des Schuldigwerdens. Man muss mitziehen in der miesen

Sache, die man im Grunde für falsch hält, sonst droht man ausgeschlossen zu werden. Ruben muss das Gute heimlich planen, als wäre es ein Unrecht. Doch er kommt nicht dazu es umzusetzen. In seiner Abwesenheit hat Juda, der Viert-älteste, auch ein Sohn der Lea, die glänzende Idee, Josef an eine vorbeiziehende Karawane als Sklaven zu verkaufen. Als Ruben das mitbekommt, ist es bereits zu spät, Josef ist weg.

Die friedlich weidenden Schafe rechts oben auf dem Bild von Chagall trügen: Links am Horizont tauchen die Kamele auf, die aus dem Bild hinausstreben in eine ungewisse Ferne.

An diesem Punkt der Geschichte passiert etwas Unheimliches und Erschreckendes. Bisher schien es so, als ob der Vater und Josef die Hauptschuld an dem familiären Unglück tragen. Die Sympathie des Lesers gehörte eher den Brüdern, die ohne Grund benachteiligt werden. Dass sie verletzt sind, kann man ohne weiteres nachvollziehen. Ihr Hass scheint nur zu verständlich. Doch nun kippt das Ganze um. Ausgerechnet in ihrer scheinbaren Schuldlosigkeit liegt der Nährboden dafür, dass sie nun um so schuldiger werden. Ihnen ist Böses widerfahren, und sie vergelten das mit noch Böserem. Das ist ja oft im Leben so: Wer glaubt im Recht zu sein, fühlt sich berechtigt, es nun dem anderen zu zeigen, das erlittene Unrecht zurückzugeben, sich zu rächen. Wo uns Böses oder Gemeines angetan wird, wo uns jemand verletzt oder beleidigt, gerade da liegt der Nährboden, der zum Schuldigwerden des Schuldlosen führt. Wo Menschen ein reines Gewissen zu haben meinen, da setzen sie sich besonders heftig zur Wehr und werden gerade darin schuldig. Heinrich von Kleists Michael Kohlhaas ist dafür ein eindrückliches Beispiel. In dem Versuch, sein gutes Recht zu bekommen, schießt er schließlich dermaßen übers Ziel hinaus, dass nur noch ein Scherbenhaufen übrig bleibt.

Abbildung 33: *Marc Chagall, Josef wird von seinen Brüdern verkauft*

Wenn man nicht will, dass Gewalt und Hass sich aufschaukeln, muss man ein bisschen weniger Böses zurückgeben, als einem selber angetan wurde, sagen Familientherapeuten. Jesus ist da weit radikaler, er empfiehlt einen konstruktiven Umgang mit dem Zorn: „Liebet eure Feinde, segnet, die euch fluchen, tut wohl denen, die euch beleidigen und verfolgen, auf dass ihr Kinder seid eures Vaters im Himmel." Das ist Jesus

Rezept zum Ausstieg aus dem kranken Interaktionszirkel von Bevorzugung und Hass.

Was hat Gott jedoch mit diesem aggressiven zerstrittenen Chaotenhaufen am Hut? Müsste er sich nicht schaudernd abwenden und sie in ihr Unglück rennen lassen? Das lässt er Menschen zeitweise auch. Es ist interessant, dass in diesem 37. Kapitel des 1. Buches Mose das Wort Gott nicht einmal vorkommt. Aber was war mit dem Segen, den Gott schon Jakobs Großvater Abraham und all seinen Nachkommen versprochen hatte? Jakob selber hatte sich in seiner Jugend ungeheuer darum bemüht, dass dieser Segen auf ihn übertragen wurde. Was soll nun daraus werden?

Ja, was wird aus dem Segen, den Gott Menschen einmal zugesprochen hat? An Josefs Geschichte kann man sehen, dass Menschen den Segen Gottes sehr verdunkeln können. Sie können sich so verhalten, dass der Segen Gottes zugeschüttet wird. Aber Josefs Geschichte wird auch zeigen, dass das nicht der Endzustand bleiben muss. Sicher, Schuld und Versagen werden unglaublich viel Leid über diese Familie bringen. Aber den Segen Gottes können sie nicht zerstören. Im Nachhinein werden wir sehen, dass Gott selbst in dieser verfahrenen Geschichte verborgen die Fäden in der Hand hatte. Jakob wird die Träume seines Sohnes Josef nicht vergessen können, und die Brüder werden ahnungslos zu den Werkzeugen werden, dass diese Träume sich erfüllen werden. Es ist unbegreiflich, aber selbst durch dieses Chaos und die Schuld hindurch verfolgt Gott seinen Plan, diese Familie zu Segensträgern zu machen. Es gibt offenbar keine Situation, die noch so verfahren ist, das Gott seinen Segen für immer verweigert; jedenfalls nicht, wenn Menschen sich danach sehnen.

Gott ist nämlich anders als Vater Jakob. Er liebt alle seine Kinder gleich. Gott hat kein Lieblingskind. Oder doch, er hat ein Lieblingskind, und das ist jeder von uns.

Bei Josef und seinen Brüdern wird das allerdings noch eine Weile dauern, bis sie an einen Punkt kommen, wo sie in Herz und Gewissen getroffen sind und der Segen Gottes wieder seinen Weg in ihr Leben finden kann und auch nach außen erkennbar wird. Josefs Lebenslauf gleicht einer Berg- und Talfahrt: Als Sklave Potiphars, der in Personalunion Finanzminister und Chef der Leibwächter des Pharaos ist, arbeitet Josef sich ziemlich bald in eine Vertrauensstellung hoch und wird zum zweiten Mann im Haus. Doch sein Erfolg und sein gutes Aussehen, wahrscheinlich immer noch gepaart mit einer gehörigen Portion Naivität, werden ihm zur Falle: Den Annäherungsversuchen und den Intrigen von Frau Potiphar ist er nicht gewachsen; er landet im Gefängnis. Erst dieser erneute Absturz scheint ihn tiefgreifend zu verändern, zum ersten Mal zeigt er Mitgefühl und echte Anteilnahme am Schicksal anderer (1. Mose 40,7: „Warum seid ihr heute so traurig?") sowie Bescheidenheit beim Deuten von Träumen: „Auslegen gehört Gott zu." (8) Trotzdem vergehen noch zwei Jahre, bis er vor dem Pharao steht und aus dessen Träumen Konsequenzen für eine kluge Vorratshaltung in Ägypten empfiehlt, angesichts der bevorstehenden sieben Jahre des Überflusses und der darauffolgenden sieben Jahre Hungersnot. Wieder wird Josef zum „zweiten Mann" und Vertrauten des Chefs, in diesem Fall des Pharaos. Eine Rolle, die ihm von Kind an bestens vertraut ist. Es ist noch einer über ihm, der das Sagen hat, aber Josef hat die Aufsicht und die Verantwortung für die Organisation der Aktionen. So nutzt Gott sogar die Erziehungsfehler von Vätern und baut sie in seine Pläne ein.

Und dann stehen eines Tages seine Brüder vor ihm und wollen Getreide kaufen, denn die Hungersnot hat auch ihre Heimat erreicht. Josefs undurchsichtiges, sprunghaftes Verhalten ist ein Spiegel seiner äußerst ambivalenten Gefühle. Erst verdächtigt er sie als Spione und sperrt sie ins Gefängnis.

Dann verlangt er von ihnen, einer solle als Geisel dableiben und die anderen sollten wieder nach Hause zurückkehren und den jüngsten Bruder, Benjamin, auch nach Ägypten holen. Die Brüder erkennen Josef nicht, aber sie deuten das harte Verhalten des für sie fremden Ägypters als Strafe für ihre alte Schuld: „Das haben wir an unserem Bruder verschuldet! Denn wir sahen die Angst seiner Seele, als er uns anflehte, und wir wollten ihn nicht erhören" (1. Mose 42,21). Schuld verjährt nicht im Bewusstsein von Menschen. Auch nach Jahren noch deuten sie schweres Schicksal als Strafe.

Bei der Rückreise finden die Brüder das Geld, das sie für das ägyptische Getreide bezahlt hatten, wieder in ihren Säcken. Das verstört sie sehr.

Schließlich stehen sie mit Benjamin zum zweiten Mal vor Josef. Josef ist beim Anblick Benjamins, seines einzigen leiblichen Bruders, so bewegt, dass er den Raum verlassen muss, damit die Brüder ihn nicht weinen sehen. Bei Tisch lässt er sie nach der Reihenfolge ihres Alters setzen, was sie ziemlich irritiert; schließlich haben sie nach wie vor keine Ahnung, wer er ist. Nach dem Essen lässt er ihre Säcke mit Getreide füllen und dabei seinen silbernen Becher in Benjamins Sack stecken. Am nächsten Morgen reisen die Brüder ab, wohlgemut und erleichtert über den glücklichen Ausgang der Reise. Kurze Zeit später werden sie von Soldaten eingeholt, die sie des Diebstahls bezichtigen: Josefs silberner Becher fehle seit ihrer Abreise. Im vollsten Bewusstsein ihrer Unschuld öffnen die Brüder ihre Säcke vor den Soldaten. Zu ihrem Entsetzen findet sich der Becher in Benjamins Sack, was natürlich keiner verstehen kann. Alle ziehen wieder zurück zu Josef. Der tut so, als wolle er Benjamin verhaften, alle anderen, sagt er, könnten wieder nach Hause ziehen. Doch nun zeigt sich, dass nicht nur bei Josef sondern auch bei den Brüdern sich etwas geändert hat: Benjamin dalassen, das wollen sie um keinen Preis der Welt, „wie soll ich wieder hinaufziehen zu meinem Vater, wenn der Knabe nicht mit mir ist? Ich könnte den Jammer nicht sehen, der über meinen Vater kommen würde" (1. Mose 44,34), sagt Juda stellvertretend für alle. Nie wieder würden sie einen Bruder verkaufen oder zurücklassen, die alte Geschichte hat sie gezeichnet, für immer, das sie seitdem begleitende Schuldgefühl hat ihr Verantwortungsbewusstsein geschärft und eine tiefgreifende Wandlung bewirkt. Josef ist von dem Verhalten der Brüder so ergriffen, dass er sich ihnen endlich zu erkennen gibt und sie sich alle versöhnen. Sie holen den alten Vater Jakob nach Ägypten und siedeln sich dort an.

Wenn man nicht will, dass Böses sich aufschaukelt, muss man ein bisschen weniger Böses zurückgeben als einem selber angetan wurde: Josef scheint diese Regel zu beherzigen. Es macht ihm offensichtlich durchaus Spaß, die Brüder ein bisschen zu quälen und sie zappeln zu lassen. Natürlich will er auch sehen, ob sie sich geändert haben. Aber das allein erklärt sein Verhalten nicht, das den Brüdern völlig unberechenbar erscheinen muss. Irgendwie muss für die Schuld ein Ausgleich geschaffen werden, sonst bleibt das Gefälle zu groß. Selbst so fällt es den Brüdern noch schwer, an Josefs Vergebung zu glauben, denn als der Vater später in Ägypten stirbt, bekommen sie Angst vor der späten Rache Josefs und bitten ihn um Gnade. Und bei dieser Gelegenheit legt Josef offen, was ihm überhaupt die Fähigkeit zur Vergebung gegeben hat: „Ihr gedachtet es böse mit mir zu machen, aber Gott gedachte es gut zu machen" (1. Mose 50,20). Manchmal erkennen Menschen im Nachhinein, dass Gott sogar die bösen Taten anderer dazu benutzen kann, dass ihr Leben ein sinnvolles Ganzes wird. Erst dann können sie wahrscheinlich ihren inneren Frieden schließen mit denen, die sich an ihnen schuldig gemacht haben, seien es nun Eltern oder „Brüder".

7 Schicksalsschläge

7.1 NACHWIRKUNG BELASTENDER FAMILIENEREIGNISSE

„Ich habe oft das Gefühl, nicht wichtig zu sein. Und immer, wenn ich glaube, in einer aussichtslosen Situation zu sein – und das kommt in letzter Zeit sehr häufig vor – dann fange ich an, ungehemmt zu essen. Ich schlinge in so einer Situation alles, was ich kriegen kann geradezu in mich hinein ...'' So begann die 36-jährige Frau Z. das Gespräch bei unserem ersten Kontakt.

Vor zwei Jahren sei es mit der Essstörung noch viel schlimmer gewesen. Damals habe sie sich anschließend häufig durch Erbrechen wieder des Essens entledigt. Eine stationäre Behandlung in einer Nervenklinik und anschließende Gesprächstherapie habe „sehr viel bewegt''.

Frau Z. lebt zur Zeit als alleinerziehende Mutter mit ihrer kleinen, vier Monate alten Tochter zusammen. Von dem Vater der Tochter hat sie sich vor einem Jahr nach zweijähriger Beziehung wieder getrennt. Er habe eigentlich kein Kind haben wollen und ihr zur Abtreibung geraten.

Frau Z. hat noch einen 18-jährigen Sohn aus einer geschiedenen Ehe. Der Sohn wohnt bereits mit seiner Freundin zusammen im Haus ihrer Eltern. Zum Sohn besteht ein eher gespanntes Verhältnis.

Im Laufe unserer Erstgespräche erfahre ich eine bemerkenswerte und tragische Familiengeschichte:

Die Eltern von Frau Z. haben früh geheiratet. Vater war Polierer in einer Möbelfabrik. Frau Z. schildert ihn als groß und stark, aber nach innen schwach. Einerseits habe er versucht, es allen recht zu machen, andererseits führten seine Anfälle von Jähzorn zu einer Atmosphäre der Gewalt in der Familie. Vater habe Mutter geschlagen. Aber oft habe Mutter wiederum ihr gedroht: „Warte, wenn Vater nach Hause kommt . . ." Wenn Vater sie dann verprügelt habe, konnte sie oft nicht nachvollziehen, warum. Oft habe sie in der Kindheit den Impuls verspürt: „Ich schaffe das nicht. Das halte ich nicht länger aus!" Vater ist dann mit 43 Jahren an Krebs gestorben. Damals war Frau Z. 19 Jahre alt.

Ihre Mutter schildert Frau Z. als ängstlich und sehr wehleidig. Sie habe nur mit ihren Krankheiten gelebt und dem Kind wenig warme Zuwendung gegeben. Sie sei ihr gegenüber distanziert und unterkühlt gewesen. Nie habe sie es Mutter recht machen können. Noch heute höre sie ihre verletzenden Worte im Ohr: „Du bist nichts und du kannst nicht . . ." Als sehr ordentliche Hausfrau sei sie für sie immer eine „wandelnde Anklage" gewesen. Heute bemerkt Frau Z. verbittert: „Mutter war die große mächtige Blockade, die alles verhindert hat . . ."

Ganz anders sei Mutter mit ihrem fünf Jahre jüngeren Bruder umgegangen. Da er als Kind unter Asthma litt, wurde er von Mutter besonders umsorgt und verwöhnt. Er habe alles zugesteckt bekommen und die Zuwendung genossen, die sie sich gewünscht habe. Von der Kindheit ihres Bruders rede ihre Mutter viel. Aber über ihre ersten Lebensjahre könne sie wenig erfahren. Mutter weiche aus, wenn sie danach frage. Alles habe sich zu Hause nur um den Bruder gedreht. Zeitweise habe sie versucht, mit ihm um Mutters Zuwendung zu konkurrieren wie „Katz und Maus". Irgendwann habe sie resigniert. Sie habe „dicht gemacht" und sei stattdessen sehr aufmüpfig und aufrührerisch geworden. Das Gefühl „nicht gesehen zu werden" ist jedoch geblieben und habe sie bis heute begleitet: „Wo bleibe ich? Wo werde ich gesehen?" Zuwendung und Aufmerksamkeit erlebte sie zeitweise bei den im Hause wohnenden Großeltern väterlicherseits. Dort wurde sie oft mit gutem Essen verwöhnt, was sie sehr genoss. Dennoch ist bis heute das Gefühl zurückgeblieben, eigentlich nicht in diese Familie hineinzugehören. Ihre Kindheit schildert Frau Z. zusammenfassend als „Überlebenskampf", und so erlebt sie ihre Welt und ihre Beziehungen auch heute noch.

Mit 15 Jahren begann sie eine Ausbildung als Friseuse. Als sie auch dort meinte, nur ausgenutzt und wenig geachtet zu werden, nahm sie Tabletten, um ihrem Leben ein Ende zu bereiten. Sie überlebte. Mit 17 Jahren wurde sie schwanger und heiratete, um endlich von zu Hause wegzukommen. Die Lehre brach sie ab. In der Folgezeit spürte sie noch oft eine sich aufdrängende Todessehnsucht.

In der Ehe wiederholte sich das Szenario, das sie bisher schon so gut kannte: Sie fühlte sich für alles verantwortlich. Der Ehemann brachte Schulden mit in die Ehe, gab weiter Geld aus. Sie bürgte. Ließ sich von ihrem Ehemann verprügeln. Fühlte sich dann wieder ausgenutzt, ohnmächtig und abgelehnt. Schließlich trennte sie sich, ließ sich scheiden, heiratete denselben Mann wieder, trennte sich wieder. Erneut Scheidung. In der Beziehung mit dem letzten Mann, Vater ihrer kleinen Tochter, ging es ihr nicht anders.

Ich lasse Frau Z. ihren Familienstammbaum malen und frage nach der Situation in der Familie zur Zeit ihrer Geburt.

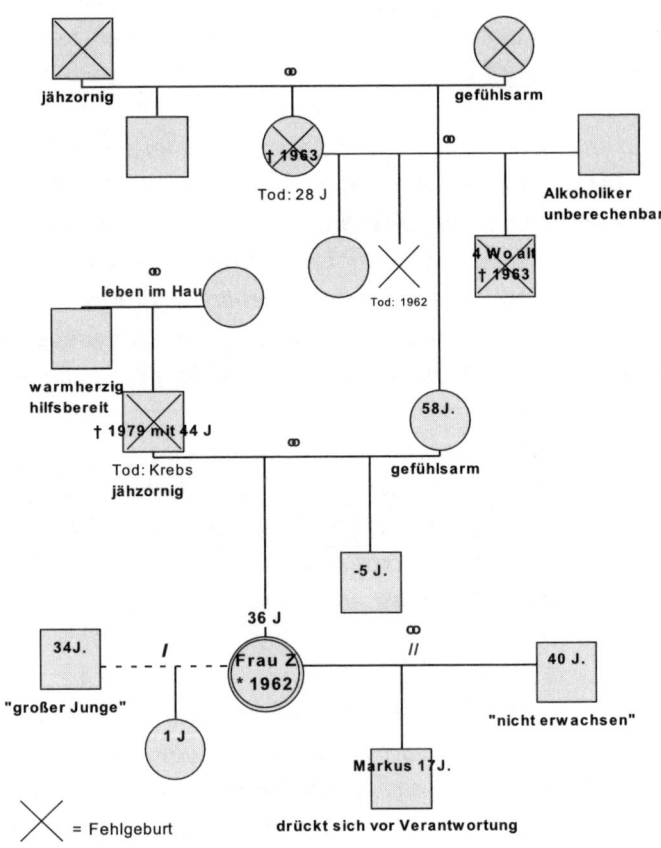

Abbildung 34: *Familienstammbaum von Frau Z.*

*Als ihre Mutter mit ihr schwanger war, bestand bei der
älteren Schwester der Mutter ebenso eine Schwanger-
schaft, die jedoch mit einer Fehlgeburt endete. Mutters
Schwester, also die Tante von Frau Z., wurde kurz darauf
erneut schwanger. Ungefähr sechs Monate, nachdem Frau
Z. als gesundes Kind geboren worden war, kam der Vetter
zur Welt. Doch es gab schwere Komplikationen. Das Baby
und seine Mutter starben innerhalb von vier Wochen nach*

der Geburt. Eine schreckliche Familientragödie! Frau Z. durfte leben, ihr Vetter musste sterben und die Tante ebenso.

Eigenartig, dass bei Frau Z. schon sehr früh Fantasien entstehen, nicht dazuzugehören, nicht gesehen zu werden, sich selbst nicht zu sehen. Später begegnet ihr dieses Empfinden in unterschiedlichen Situationen wieder, zum Beispiel in ihren Beziehungen zu Männern: „Die sehen mich nicht. Wo bleibe ich mit meinen Bedürfnissen? Wer kümmert sich um mich?" Auch in der Lehre als Friseuse muss sie Ähnliches empfunden haben. Sie bricht die Lehre ab, weil sie das Gefühl hat, nur ausgenutzt und nicht wertgeschätzt zu werden. Man traut ihr nichts zu, und sie darf nur die Haare vom Boden kehren. „Stattdessen bin ich schwanger geworden", resümiert sie. Aber ist sie eine gute Mutter? Diese Frage quält sie. In vielen Situationen wiederholt sich das Gefühl, das sie von Kind auf belastet hat. Auch neulich, als ihr Rechtsanwalt eine finanzielle Selbstbeteiligung von ihr verlangte, war sie zutiefst verletzt, obwohl das Anliegen des Rechtsanwaltes berechtigt und angemessen war.

Schon früh stellen sich bei Frau Z. Todesfantasien bis hin zu Todessehnsucht ein, als ob sie ihrem Vetter folgen müsse und kein Lebensrecht habe. Sie meint, wenn sie schon leben darf, dann muss sie um ihr Überleben kämpfen. Wenn einer in der Familie früh stirbt, drängt sich oft die Frage auf: Warum darf ich weiterleben? Aber auf diese Frage gibt es keine Antwort, genau so wenig wie auf die Frage: Warum musste der andere gehen?

Im Laufe unserer Gespräche fiel mir auf, dass über diese Familientragödie in der Familie überhaupt nicht gesprochen wurde. Wenn Frau Z. ihre Mutter nach den Umständen bei ihrer Geburt fragt, bekommt sie immer nur auswei-

*chende Antworten. Wie mag es ihrer Mutter damals ge-
gangen sein? Wie ist ihre Mutter damit umgegangen, dass
sie ein gesundes Kind bekam, ihre Schwester und deren
Baby hingegen mussten sterben? In der Familie wurde
darüber geschwiegen. Aber Schweigen schafft nur neue
Probleme. Frau Z. fühlt sich nicht angenommen. Sie soli-
darisiert sich unbewusst mit dem verstorbenen Vetter, dem
zu folgen sie in Krisensituationen einen starken Drang
verspürt.*

Es tut einer Familie nicht gut, wenn sie infolge schwerer
Schicksalsschläge Verstorbene aus den Augen verliert und
durch Verschweigen auch aus dem Herzen verbannt. Verschweigen bewirkt, dass das Ereignis mehr Macht erlangt und
im Untergrund lebenszerstörend wirkt.

Es ist besser, den Schattenseiten der Familiengeschichte
ins Auge zu sehen, die Fakten zunächst mal zu akzeptieren
und die Trauer und auch die Wut über den Verlust zuzulassen.
In einem zweiten Schritt jedoch kann ich im Rückblick die
Fakten anders als bisher miteinander verbinden und ihnen
eine neue Deutung geben. Im inneren Dialog mit dem früh
verstorbenen Cousin und der verstorbenen Tante könnte Frau
Z. sich fragen, was die beiden sich von ihrem Leben gewünscht hätten. Und dann darf sie stellvertretend für sie das
Leben annehmen etwa in dem Sinne: „Ihr wolltet so gerne
noch leben, und deshalb will ich es mir auch um euretwillen
gut gehen lassen. Ihr wollt nicht, dass ich mein Leben opfere,
nur weil ihr eher gehen musstet. Vielmehr möchte ich mein
Leben in Dankbarkeit annehmen und etwas Gelungenes daraus machen."

Glaubende Menschen finden darüber hinaus Trost in der
Vorstellung, dass hinter allem Schweren im Leben kein will-

kürliches böses Schicksal waltet, sondern dass Gott ihr Leben in der Hand hat und zu einem guten Ende führen wird, auch wenn manche Wegstrecken sehr schwer zu bewältigen sind. Keinesfalls ist es aber Gottes Plan, dass Menschen es sich stellvertretend für andere schlecht gehen lassen. Gott möchte, dass Menschen die Gaben und Möglichkeiten nutzen, die er in sie hineingelegt hat, und etwas Gutes aus ihrem Leben machen, für sich selbst und für andere. Jesus sagt: „Ich aber bringe allen, die zu mir gehören, das Leben – und dies im Überfluss." (Johannes 10,10)

Frau T. ist 31 Jahre alt und seit sechs Jahren verheiratet. Sie würde gern ein Kind bekommen, aber ihr Mann will vorläufig keine Kinder. Frau T. kommt zur Psychotherapie, weil sie seit geraumer Zeit unter Essstörungen leidet. „Ich fühle mich zeitweise so unausgeglichen und launisch, dass ich mich gar nicht mehr mag", berichtet sie im ersten Gespräch. „Dann fresse ich wie in einem Anfall alles in mich hinein, was ich finden kann. Zwei Tafeln Schokolade sind gar nichts." Irgendwie habe sie in letzter Zeit das Gefühl, etwas Wichtiges zu verlieren. Frau T. hat noch zwei ältere Schwestern. Sie ist die Jüngste. Ihre Eltern haben sich kurz nach ihrer Geburt scheiden lassen. Ihre Mutter habe immer erzählt, dass ihr Vater sie verlassen habe, weil sie erneut schwanger geworden sei. Er habe kein weiteres Kind mehr gewollt. Frau T.s Mutter hat ihre Kinder alleine aufgezogen. Sie musste in einer Fabrik arbeiten gehen, da ihr Ex-Mann nur unregelmäßig Unterhalt zahlte. Die Kinder waren häufig bei der Oma oder auch sich selbst überlassen.

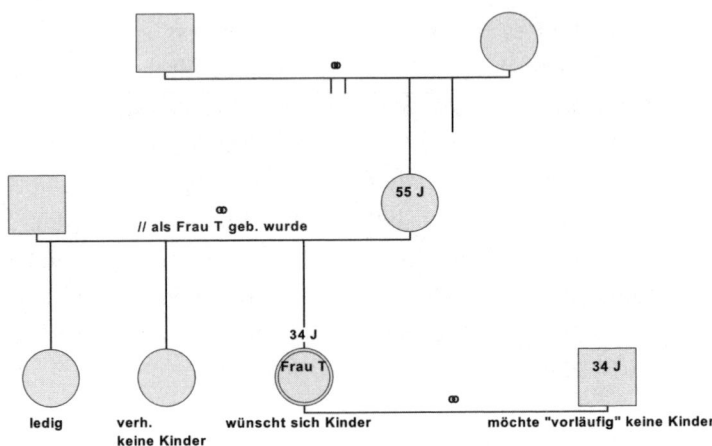

Abbildung 35: *Familienstammbaum von Frau T.*

*Das Thema Kind oder nicht ist also in der Familie nicht
neu. Kinder zu bekommen kann die Beziehung gefährden.
Frau T. wurde von ihrem Vater verlassen, als sie zur Welt
kam. Jetzt, als junge Frau, entwickelt sie Ängste, dass ihr
Ehemann sie verlassen könnte, wenn sich ihr Wunsch verwirklicht und sie selber Kinder bekommt. Andererseits ist
ihr Kinderwunsch sehr stark und sie fürchtet, dass ihr die
Zeit davonläuft. Hatte sie nicht im ersten Gespräch von
ihrer Angst gesprochen, etwas Wichtiges zu verlieren? Damals konnte sie es nicht genau benennen, was das sein
könnte.*

Ich glaube, ich sollte mit Frau T. darüber reden, in wie weit
ihr Mann anders ist als ihr Vater. Gibt es in ihrer Beziehung
noch eine andere Verbundenheit als das Thema Kinder? Kann
sie mit ihrem Mann reden und gelingt es ihr, ihre Wünsche zu
äußern und sich dafür einzusetzen? Warum hat ihr Opa sich

nicht getrennt, als Oma ihr drittes und viertes Kind bekam? Welche alternativen Beziehungsmodelle gibt es in Ihrer Familie?

Belastende Erlebnisse wirken häufig in Familien nach. Aber nicht weniger mächtig sind die positiven Erfahrungen und die guten lebensbejahenden Erlebnisse in einem Familienverband. Sie sind oft nachhaltiger in ihren Auswirkungen als die negativen. Es kommt darauf an, ob es einem gelingt, die Blickrichtung nicht nur auf das Schwere und Belastende, sondern auch auf das Positive, Gelingende und Lebensbejahende in einer Familiengeschichte zu richten.

7.2 TOD UND TRAUER

„Ich habe das Gefühl, ich finde meine Mitte nicht mehr", eröffnet die 31-jährige Frau G. das Gespräch. Sie wirkt bedrückt und etwas traurig. „Drei Menschen habe ich in kurzer Zeit verloren. Als meine Mutter vor sechs Jahren starb, habe ich eigentlich gar nicht richtig getrauert. Fünf Monate später starb dann noch mein Bruder und jetzt vor sieben Monaten mein Vater." Seit einiger Zeit merke sie, wie ihre Stimmung manchmal innerhalb weniger Minuten in ein absolutes Tief absacke. Und sie könne nichts dagegen tun. „Ich glaube, ich muss jemandem, der den Hintergrund nicht kennt, von vorne bis hinten erzählen, was geschehen ist. Ich befürchte, ich verdränge zu viel", fährt sie fort.

Die Mutter starb vor sechs Jahren ganz plötzlich und unerwartet mit 54 an einem Herzinfarkt. Damals wohnte die gesamte Familie noch in einem Haus: Vater, Mutter, Bruder und sie. Schon als kleines Mädchen hat sie den älteren Bruder bewundert. Später konnte sie mit ihm über Dinge reden, über die sie sonst mit keinem Menschen sprach. Als Mutter starb, war der fünf Jahre ältere Bruder von Frau G. bereits an Leukämie erkrankt. Nur sie wusste durch ein Gespräch mit dem behandelnden Arzt, dass es ernst um ihn stand. Sie kümmerte sich rührend um den Bruder, saß an seinem Bett, wenn er zur Chemotherapie ins Krankenhaus musste und begleitete ihn bis zuletzt auf seinem Weg. Bereits fünf Monate nach dem Tod der Mutter starb ihr Bruder. „Ich hatte damals das Gefühl, mir würde mein Schatten fehlen. Während seiner Krankheit standen wir uns sehr nahe. Jetzt hatte ich das Gefühl einer unendlichen Leere", berichtet sie. Frau G. schottete sich damals sehr ab und vermied Menschenansammlungen. Sie lebte nun alleine mit ihrem Vater im großen Haus. Mit ihm verstand sie sich gut. Aber oft wusste sie nicht, was ihr Vater eigentlich dachte. Er fraß viel in sich hinein und redete wenig. Vor einem Jahr erkrankte er an Lungenkrebs. Auch ihn begleitete sie zu allen Therapien. Aber der Vater starb kurze Zeit später, sieben Monate bevor sie zu mir in die Therapie kam.

Frau G. wohnt nun in dem großen Haus alleine, in dem sie vorher mit Vater, Mutter und Bruder gelebt hat. Früher lebten sogar noch die Großeltern mit im Haus. Sie hat ihr inneres Sicherheitsgefühl verloren, stattdessen spürt sie eine unendliche Leere.

Erst jetzt wird Frau G. die Schwere ihres Verlustes klar und sie begreift, dass sie alleine übrig geblieben ist. Wie kann sie ihre Mitte wiederfinden? Wie kann sie eine neue Perspektive für sich und ihre Zukunft finden?

Hermann Hesse hat es in einem Brief einmal schön ausgedrückt:

„Schmerz und Klage sind unsere erste natürliche Antwort
auf den Verlust eines geliebten Menschen. Sie helfen uns
durch die erste Trauer und Not, sie genügen aber nicht, um
uns mit den Toten zu verbinden. Das tut auf primitiver Stufe
der Totenkult: Opfer, Grabschmuck, Denkmäler, Blumen. Auf
unserer Stufe aber muss das Totenopfer in unserer eigenen
Seele vollzogen werden, durch Gedenken, durch genauste
Erinnerung, durch Wiederaufbau des geliebten Wesens in
unserem Inneren. Vermögen wir dies, dann geht der Tote
neben uns, sein Bild ist gerettet und hilft uns den Schmerz
fruchtbar zu machen."[102] Genau das haben wir gemeinsam in
der Therapie getan. Wir sind den Weg zurück gegangen, haben die Bilder der einzelnen Familienmitglieder aus der Erinnerung hervorgeholt. Wir haben nach den guten, aber auch
belastenden Erinnerungen gefragt. Wofür kann Frau G. ihrem
Vater, ihrer Mutter und ihrem Bruder dankbar sein? Welche
guten Erinnerungen bleiben? Mit welchen belastenden Erinnerungen muss sie noch innerlich Frieden schließen? Der
Familienstammbaum hat uns bei dieser Erinnerungsreise sehr
geholfen.

*Da gibt es die Tante Renate, der sie sich in besonderer
Weise verbunden fühlt. Mit ihr könne sie so gut über vieles
reden, was sie bewege. Sie sei sehr einfühlsam und hilfs-
bereit. Wenn Frau G. von Tante Renate spricht, strahlen
ihre Augen.*

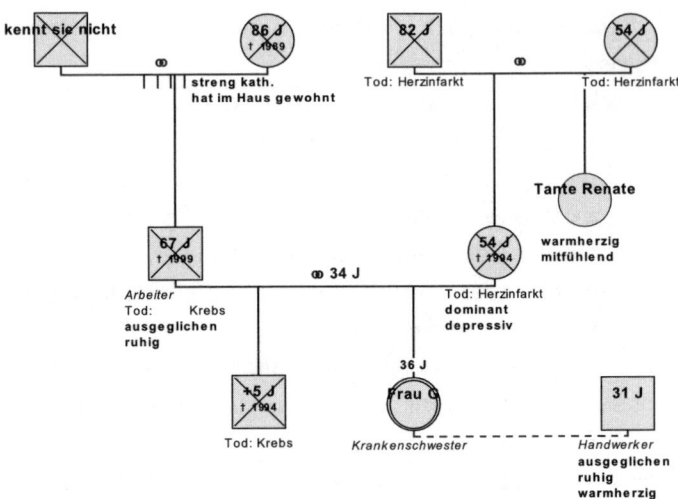

Abbildung 36: *Familienstammbaum Frau G.*

Interessanterweise ist Tante Renate ebenso zweites und jüngstes Kind! Sie sei so warmherzig und mitfühlend, Eigenschaften, die auch Frau G. besitzt und mit denen sie sich identifizieren kann. Tante Renate hat ihr in vielen Gesprächen sehr geholfen, über den Verlust den eigenen Lebenswillen nicht zu verlieren.

Und noch etwas fällt im Familienstammbaum auf. Ihre Mutter starb im selben Alter wie ihre Mutter infolge einer Herzerkrankung. Und Frau G. fühlte eine tiefe depressive Verstimmung, als sie im selben Alter war, in dem ihr Bruder verstarb! Sie spürt, dass sie etwas unternehmen muss, um sich selbst nicht zu verlieren bei all dem Verlust, den sie in den letzten Jahren in der Familie erlebt hat.

Mittlerweile ist Frau G. zu ihrem Freund ins Haus gezogen und hat ihr Elternhaus vermietet. Sie konnte diesen Abschnitt ihres Lebens abschließen, um sich einem neuen Abschnitt zuzuwenden. „Ach, ich finde es so toll, dass

*jetzt ein junges Ehepaar mit Kindern in mein Elternhaus
zieht. Dann kommt da wieder richtig Leben rein"*, berichtet sie freudig in einer der letzten Stunden.

Gelingt es wie im Falle von Frau G., Verluste zu verarbeiten,
dann bleiben Menschen nicht in der Vergangenheit gefangen,
sondern entwickeln neue Perspektiven für Gegenwart und
Zukunft.

7.3 GEWINNER UND VERLIERER –
SCHEIDUNG UND TRENNUNG

1971 begannen die amerikanischen Psychologinnen Judith
Wallerstein und Sandra Blakeslee eine Langzeituntersuchung
von 60 Familien mit 131 betroffenen Kindern, die Scheidun-
gen erlebt hatten. Zunächst war diese Studie nur für ein Jahr
angelegt. Man wollte herausfinden, wie Menschen das Problem der Scheidung innerhalb dieser Zeit bewältigt hatten. Die
Fragestellung lautete: Wie werden Menschen mit einer
Scheidung fertig, und wie gehen Kinder mit solchen schwierigen Familienverhältnissen um? „Wir zweifelten damals
noch keineswegs an der gängigen Vorstellung, dass eine
Scheidung nur zu einer kurzfristigen Krise führe", schreiben
die Autorinnen.[103]
Als sie die Familien 12 bis 18 Monate später erneut inter-
viewten, stellte sich heraus, dass die meisten von einer
Überwindung der Krise noch weit entfernt waren: „Ihre
Wunden schmerzten noch immer; ihre Verwirrung und ihr Leid
hatten kaum nachgelassen. Viele Erwachsene waren immer
noch wütend, fühlten sich gedemütigt und zurückgestoßen.
Die meisten hatten ihr Leben ganz und gar nicht im Griff."[104]

Überraschend war es für die Autorinnen, dass es vielen betroffenen Kindern schlechter ging als ein Jahr vorher. Sie hatten unter anderem Schwierigkeiten in der Schule und im Umgang mit Gleichaltrigen.

Nach diesen Ergebnissen wurde die Studie um fünf Jahre verlängert. Danach ging es einem Drittel der Kinder ausgesprochen gut. Sie unterhielten gute Beziehungen zu beiden Eltern. Diese Kinder hatten sich deutlich stabilisiert und die Untersucherinnen hatten den Eindruck, dass einige von ihnen sich besser fühlten als vor der Scheidung der Eltern.

Aber mehr als einem Drittel der Kinder ging es entschieden schlechter als vor der Scheidung. Sie litten unter Störungen wie Lernschwierigkeiten, aggressivem Verhalten oder depressiver Verstimmung und Schlafstörungen. Viele von ihnen erlebten auch nach fünf Jahren noch heftige Auseinandersetzungen zwischen ihren geschiedenen Eltern. „Insgesamt ... wurde die von uns gehegte Illusion zerstört, eine Scheidung würde das Ende ehelicher Auseinandersetzungen bedeuten."[105] Es ist erstaunlich, dass die Mehrheit dieser Kinder dennoch weiterhin Versöhnungsphantasien entwickelte in der Hoffnung, dass ihre Eltern wieder zueinander finden würden.

Die Mehrheit der Erwachsenen, nämlich die Hälfte der Männer und zwei Drittel der Frauen, fühlten sich nach fünf Jahren besser als vor der Scheidung. Dem Rest ging es gleich schlecht oder schlechter als während der Ehe.

10 und 15 Jahre nach der Scheidung stellten die Psychologinnen Folgendes fest:

Die Kinder haben die Scheidung und ihre Folgen fast immer schmerzhafter erlebt als die Erwachsenen. „Die Scheidung ist keine ‚normale' Erfahrung, nur weil viele Menschen mit ihr konfrontiert werden. Wir haben festgestellt, dass alle Kinder unter einer Scheidung leiden, gleichgültig, wie viele ihrer Freunde eine Scheidung erlebt haben."[106]

Die Scheidung hat für Eltern und Kinder langwierige Folgen. Kinder leiden stärker darunter als die Eltern, da sie dies Ereignis oft in entscheidenden Phasen ihrer Entwicklung trifft. Dennoch wachsen die Hälfte dieser Kinder später zu durchaus „mitfühlenden, couragierten und lebenstüchtigen Erwachsenen" heran[107], während 50 % der Kinder nicht unerhebliche Schwierigkeiten in Beziehungen und sozialen Bezügen haben. Letztere haben besonders stark das Gefühl, dass sie für einen Kampf benutzt worden sind, der nicht ihr eigener war.

Häufig gelingt es einem der Ehepartner im Laufe der Jahre, seine Lebensqualität deutlich zu verbessern und ein glücklicheres Leben zu führen als vorher. Der andere Partner fühlt sich dagegen oft als Verlierer – wirtschaftlich, psychisch und gesellschaftlich.

Es gibt also Gewinner und Verlierer. „Jede Scheidung bedeutet den Tod einer kleinen Zivilisation", resümiert der Schriftsteller Pat Conroy angesichts seiner eigenen gescheiterten Ehe.[108]

Herr B. war elf Jahre alt, als seine Eltern sich trennten. Vater unterhielt zu diesem Zeitpunkt bereits seit längerem eine Beziehung zu einer anderen Frau. Oft gab es Streit zwischen den Eltern. Er empfand den ewigen Streit als unangenehm und irgendwie bedrohlich. Darüber mit jemandem zu reden traute er sich jedoch nicht. Als der Vater dann endgültig auszog, kehrte äußerlich Ruhe ein.

Fast hätte er es als Entlastung empfunden, wenn da nicht noch das andere Erlebnis gewesen wäre. Seine Mutter verkraftete die Trennung nicht gut. Sie war verzweifelt. Eines Tages dreht sie den Gashahn auf. Der 11-Jährige kommt von der Schule nach Hause und bemerkt den tödlichen Geruch. Er sieht Mutter benommen auf der Eckbank

*sitzen, den Kopf auf dem Tisch. Rasch kombiniert er und
stellt den Gashahn ab. Mutter überlebt.*

*Über dieses Ereignis ist später nie wieder gesprochen
worden. Aber dem Jungen sitzt seitdem die Angst im Na-
cken, Mutter auch noch zu verlieren. Er verhält sich ausgesprochen angepasst und brav, geht jedem Ärger und
jeder Auseinandersetzung mit Mutter aus dem Weg. „Immer wieder hatte ich die Angst, dass Mutter noch einmal
versuchen könnte, sich das Leben zu nehmen. Darum habe
ich alles getan, um Ärger mit ihr aus dem Wege zu gehen",
berichtet er später. Er fürchtete, in der Schule als Außenseiter angesehen zu werden. Über die Scheidung seiner
Eltern traute er sich da gar nicht zu reden. Er empfand es
als Makel und als peinlich.*

*Viel später, nach dem Zerbrechen seiner eigenen Ehe,
gelingt es Herrn B., über diese alten Ängste zu reden. Denn
auch in der Ehe sowie am Arbeitsplatz erlebt er sich als
angepasst und unendlich rücksichtsvoll, sodass die Partner damit gar nicht umzugehen wissen. „Sei doch einmal
ein wenig egoistischer!", hat ihm ein guter Freund gesagt.*

*Aber statt an seine eigenen Bedürfnisse zu denken, ge-
winnt häufig die alte Angst Oberhand, den anderen zu
verlieren. Und dieser Gedanke ist für ihn immer mit der
Vorstellung einer Lebenskatastrophe verbunden. Denn
damals als Kind wäre es in der Tat eine Katastrophe für ihn
gewesen, seine Mutter auch noch zu verlieren.*

Der Verlust eines Elternteils ist für ein Kind schlimm genug,
und häufig sind es gerade die Kinder, die bei Trennungen der
Eltern auf der Verliererseite stehen, wie es die oben erwähnte
Studie gezeigt hat. Aber mit dem Verlust von Vater oder
Mutter findet sich das Kind irgendwann ab, auch wenn dieser

Verlust Narben in seiner Lebensgeschichte hinterlässt. Etwa jedes siebte minderjährige Kind unter 18 Jahren in Deutschland erlebt eine Trennung seiner Eltern.[109] Diese Zahl betrifft den Heiratsjahrgang 1975. Seitdem ist die Tendenz steigend.[110] Wurde 1975 jede fünfte Ehe geschieden, so ist 1996 bereits jede dritte Ehe von Scheidung betroffen.[111] Immer mehr Kinder müssen irgendwann im Laufe ihrer Kindheit und Jugend zwangsläufig auf ein Elternteil, mehrheitlich den Vater, verzichten. Sicher ist für die psychische Entwicklung eines Kindes die Scheidung der Eltern mitunter günstiger als das Erleben einer konfliktreichen Paarbeziehung der Eltern. Dennoch ist es in der Regel ein einschneidendes Verlusterlebnis, das Wunden reißt und zeitliche Nachwirkungen hat.

Der Verlust oder der drohende Verlust beider Elternteile hingegen ist für ein Kind die absolute Katastrophe! Denn jetzt geht es ja um das nackte Überleben. Häufig graben sich diese Erlebnisse so tief in das Gedächtnis ein, dass sie in späteren Situationen drohenden Verlusts wieder lebendig vor Augen stehen und absolute Panik auslösen. Die alten Ängste werden reaktiviert und tauchen aus der Tiefe der Seele wieder bedrohlich auf. In so einer Situation kam Herr B. in die Psychotherapie.

8 Ich in der Geschichte meiner Familie – Erstellung eines eigenen Stammbaums

Die Familie ist immer noch – von Ausnahmen abgesehen – das einflussreichste System, dem Menschen im Laufe ihres Lebens angehören. Das Erstellen eines eigenen Familienstammbaums kann keine Therapie ersetzen, wo diese notwendig sein sollte. Aber es kann helfen, Klarheit über das eigene Lebenskonzept zu bekommen, woher ich komme, was ich mitbekommen habe an Schwachpunkten, aber vor allem an Ressourcen und Stärken, und wo ich mit meinem Leben hin will.

Benutzen Sie zum Zeichnen Ihres Stammbaums die Symbole und die Vorgehensweise, die Sie bereits aus dem Kapitel „Familienstammbaum" kennen. Am besten beschränken Sie sich auf drei Generationen. Schreiben Sie zu jeder Person den Vornamen, das Geburtsdatum und ggf. das Sterbedatum. Auch Berufe, schwere oder chronische Krankheiten und Todesursachen, sowie wichtige Ereignisse und die entsprechenden Daten können Sie eintragen: z. B. Hochzeit, Trennung, Scheidung, Berufsabschluss usw.

Fällt Ihnen etwas zu Familienmitgliedern ein, das charakteristisch ist, dann notieren Sie es stichwortartig zu der jeweiligen Person. Auch verstorbene Familienmitglieder gehören dazu.

Markieren Sie durch Strichelung, wer im Haushalt zusammenwohnt.

Folgende Fragen können Ihnen helfen, Ihren Platz in der Geschichte Ihrer Familie zu finden:

Äußere Merkmale

- Gibt es Parallelen, die auffallen? Z. B. gleiche Berufe, zeitgleiche Ereignisse (Auszug aus dem Elternhaus, Heirat, Krankheiten, Geburten, Tod ...)
- Erkenne ich Schwerpunkte in meinem Familienbild? Wer fehlt oder über wen weiß ich gar nichts?

Innere Merkmale

- Wem sehe ich ähnlich?
- Wer ist mir ein Vorbild?
- Wer oder was hat mich stark geprägt und beeinflusst?
- Wem will ich auf keinen Fall gleichen?
- Gibt es Familiengrundsätze (z. B. „von nichts kommt nichts ...")?
- Gibt es Familiengeheimnisse?
- Gibt es Familienaufträge? Welche?
- Welche Rolle spielt der Glaube in der Familiengeschichte?
- Welche besonderen Stärken haben die Mitglieder meiner Familie?

Folgerungen

- Wo lasse ich mir meinen Weg von der Familie vorgeben, wo will ich meinen eigenen Weg gehen?
- Was möchte ich übernehmen und weiterführen?
- Wo will ich mich abgrenzen, eine neue Richtung einschlagen?

- Wer würde mich am ehesten dabei unterstützen, mir „seinen Segen" dazu geben?
- Wenn ich nicht so werden will wie X, wie will ich mich dann anders verhalten?
- Woraus kann ich Kraft ziehen in meinem Stammbaum? Wo haben Menschen in meiner Familie Stärken entwickelt in schwierigen Situationen?
- Wer steht hinter mir und stützt mich? Wer würde evtl. noch hinter mir stehen, den ich bisher gar nicht im Blick hatte?
- Welche Fähigkeiten zur Problemlösung hat meine Familie in der Vergangenheit entwickelt, die mich jetzt weiter bringen?

9 Aus Trümmern Neues wachsen lassen

Manchmal ist es erschütternd, was Menschen für eine Familiengeschichte mitbringen. Die Fehler und die Schuld ihrer Vorfahren lasten auf ihnen wie eine schwere Hypothek. Die Beispiele in diesem Buch zeigen, wie viele von solchen Schicksalen betroffen sind. Mehr oder weniger haben wahrscheinlich alle Menschen von ihren Vorfahren bestimmte Aufgaben mitbekommen, die bisher noch offen geblieben sind und die sie lösen sollen; wo sie also der Geschichte ihrer Familie durch ihren Beitrag eine gute Wendung geben können. Dass sie dazu auch fähig sind und es als ihren Lebensauftrag annehmen sollen, das versuchte schon der Prophet Hesekiel im Alten Testament seinen Zeitgenossen eindringlich vor Augen zu führen. Damals nämlich, vor 2500 Jahren, wurde ein bitteres Sprichwort geprägt, das nichts als Ohnmacht und Resignation angesichts einer belastenden Geschichte ausdrückte: „Die Väter haben saure Trauben gegessen, aber den Kindern sind die Zähne davon stumpf geworden" (Hesekiel 18,2). Das sagten Heimatvertriebene, Menschen, die aus ihren Dörfern und Städten gewaltsam verschleppt worden waren und nun in einem fremden Land gefangen gehalten wurden: Die Israeliten in Babylon, dem heutigen Irak. Schlechte Politik und die Missachtung von Gottes Geboten durch ihre Vorfahren hatten dazu geführt, dass ihr Heimatland zerstört war. Die Hoffnung auf Rückkehr und Wiederaufbau rückte in immer weitere Ferne. Eine neue Generation wuchs dort in der Gefangenschaft heran, ohne Hoffnung und Zukunft, eine „no-future-Generation". Sie erlebten die Auswirkungen der Schuld ihrer Vorfahren, die sie in diese schreckliche Lage gebracht hatten, sie fühlten die Last der Vergangenheit und sahen die Zukunft als ausweglos an, und davon waren sie in schwere Depressionen versunken. „Wir sitzen hier im fremden Land ohne Zukunftsperspektive und können nichts dafür!" Ausdruck ihrer tiefen Verbitterung ist das Sprichwort: „Die Väter haben saure Trauben gegessen, aber den Kindern sind davon die Zähne stumpf geworden." Mit anderen Worten: Die Suppe, die andere mir eingebrockt haben, muss ich nun auslöffeln. Ja, es ist etwas Wahres dran: Die Schuld der Väter und Mütter rächt sich oft in bitterer Weise an den Kindern, nicht nur im privaten Bereich, sondern auch im politischen und gesellschaftlichen. Wer weiß, was unsere Kinder und Enkel einmal darüber sagen und denken werden, wie wir ihnen z. B. diese Erde überlassen haben.

Die Suppe, die andere mir eingebrockt haben, muss ich nun auslöffeln. Weil meine Eltern so viel Mist gebaut haben, habe ich im Leben jetzt so schlechte Karten. Aber diese Feststellung allein hilft nicht weiter. Es ist vielleicht die Wahrheit, aber eben doch höchstens die halbe Wahrheit. Die Israeliten gerieten, je mehr sie ihre Lage von der Schuld ihrer Vorfahren her analysierten, nur tiefer in die Resignation und Depression. Wenn ich nur auf meine schlechten Startbedingungen achte, werde ich gelähmt und handlungsunfähig. Das ist nicht das, was mich allein ausmacht, meinen Charakter, meine Fähigkeiten, mein Lebenskonzept. Sicher, es ist ein Teil meiner Geschichte, aber es ist nicht nur Behinderung, sondern vielleicht auch eine Herausforderung an mich, an der ich wachsen und stark werden kann.

Der Prophet Hesekiel redete den Leuten, die ihr Leben nur aus dieser negativen Perspektive heraus deuteten, eindringlich ins Gewissen. Er sagte ihnen: Gott will diesen Teufelskreis, der aus dir nur das werden lässt, was andere an dir verpfuscht haben, durchbrechen. „So wahr ich lebe, spricht der Herr, dies Sprichwort soll nicht mehr unter euch umgehen in Israel" (Hesekiel 18,3). So wahr ich lebe, das klingt fast beschwörend. Um Himmels willen, beiß dich da nicht fest, es gibt noch eine andere Sicht der Dinge. Du bist zwar Kind deiner Eltern, aber doch auch etwas eigenes, mit eigenen Handlungsspielräumen und Lebensmöglichkeiten. „Denn siehe, alle Menschen gehören mir, die Väter gehören mir so gut wie die Söhne; jeder, der sündigt, soll sterben. Der Sohn soll nicht tragen die Schuld des Vaters und der Vater nicht die Schuld des Sohnes" (Hesekiel 18,4+20). Wir gehören nicht unserer Umwelt, nicht unserer Sippe, nicht unseren Eltern, sondern nur Gott. Kein Mensch hat ein Recht auf mein Leben, ich gehöre allein Gott. Und Gott kennt keine Sippenhaft. Das ist bei uns Menschen ja vielfach ganz anders. Wenn eine Familie in ihrem Umkreis erst mal unten durch ist, kommt sie so leicht nicht wieder hoch. Und wenn einer aus dieser Familie dann mal was anstellt, sagen alle gleich: Ja siehst du, das ist mal wieder typisch, kein Wunder, bei dem Opa! Gott aber beurteilt uns nicht nach dem Vorleben unserer Familie und nicht nach dem, was die Leute über uns sagen. „Die Väter gehören mir so gut wie die Söhne. Ich will richten einen jeden nach seinem Weg." Jeder ist für sich selber vor Gott verant-wortlich. Ich kann die Schuld meiner Vorfahren bei ihnen belassen und muss mich nicht damit belasten. Ich muss nichts für sie wieder gut machen, und ich tue keinem von ihnen einen Gefallen, wenn ich es mir für sie schlecht gehen lasse.

Kein Mensch ist ein hoffnungsloser Fall für Gott, auch wenn er aus noch so hoffnungslosen Verhältnissen stammt. Genau deshalb stellt Gott Ansprüche, er erwartet, dass wir etwas aus unserem von ihm geschenkten Leben machen. Seine Liebe ist nicht butterweich und bemitleidend nach dem Motto: Ach du Armer, du kannst ja gar nicht anders, als dein Leben ruinie-

ren, bei den Eltern, ich habe Verständnis dafür. Sondern
Gottes Liebe ist eine Liebe, die uns ernst nimmt und in die
Verantwortung stellt. Er sagt: Mit der Schuld deiner Väter
hast du nichts zu tun. Aber für dein eigenes Leben und was du
daraus machst, bist du verantwortlich! „Jeder, der sündigt,
soll sterben!" Das klingt ja nun wieder unheimlich hart und
unerbittlich. Aber letztlich ist es nur die logische Folge dessen, wenn ein Mensch in Depressionen und Passivität ver-
sinkt, die Schuld für Fehlentwicklungen im eigenen Leben nur
bei anderen sucht und sich selbst bemitleidet: Das ist wie
Sterben. Gott aber hat ein Interesse daran, dass wir leben und
dass unser Leben gelingt und gut wird! „Meinst du denn, dass
ich Gefallen habe am Tod des Gottlosen, spricht Gott der Herr,
und nicht vielmehr daran, dass er sich bekehrt von seinen
Wegen und leben bleibt?" (Hesekiel 18,23). In dieser Frage
liegt geradezu ein werbender, ein bittender Unterton. Mach
was aus deinem Leben. Du bist nicht nur Opfer der Verhältnisse, sondern du hast Gestaltungsspielraum. Ich möchte,
dass du ihn nutzt. Schlag einen neuen Weg ein, kehr um.
Wenn die Bibel von Umkehr spricht, dann meint sie damit
immer auch die Umkehr zu Gott, also dass ein Mensch sich zu
Gott hinwendet im Gebet und über die Fragen seines Lebens
mit Gott das Gespräch aufnimmt. Das muss jeder selber für
sich tun. So wenig wie ein negatives Vorleben meiner Vorfahren mir von Gott angelastet wird, so wenig können christliche Eltern für mich meine Beziehung zu Gott regeln. Gott hat
keine Enkel, heißt ein Buchtitel, und damit ist gemeint: Jeder
muss sich selber für Gott entscheiden, das kann keine christliche Erziehung für mich tun. Eltern und Großeltern können
mir viel mitgeben, sie können für mich beten, aber nicht für
mich umkehren.

Hesekiel sagt: Wende dich Gott zu, dann hast du eine gute
Chance, denn Gott will, dass du lebst und dass dein Leben

gelingt. Nimm seine Hilfe an, dann wirst du es schaffen. Und dann kann Gott sogar aus schlimmen Verfehlungen deiner Vorfahren für dich Gutes entstehen lassen, aus Trümmern Neues wachsen lassen.

Der Apfel fällt nicht weit vom Stamm, und das ist gut so, denn der Stamm verortet den Apfel in der Welt. Aber er fällt doch weit genug, dass ein neues Bäumchen aus ihm wachsen und sich entfalten kann. Es kann seine Abstammung nicht verleugnen, sie macht ihn kostbar, und doch ist es eine eigene, unabhängige Pflanze. Und wenn dann noch Gott, der gute Gärtner, das Bäumchen pflegt und düngt, dann wird aus ihm sehr sicher ein prachtvoller Baum mit kräftigen Wurzeln und schönen Früchten, dessen Leben ein sinnvolles gelungenes Ganzes ist.

10 INTERNETADRESSEN

www.team-f.de
Unter dem Motto „Neues Leben für Familien" bietet der christliche Beratungsdienst TEAM-F Seminare zu Themen rund um die Familie an.

www.family.de
Die christliche Monatszeitschrift *Family* bringt auf ihrer Internetseite aktuelle Infos zum Thema Ehe und Familie. Einige Artikel der Zeitschrift können komplett heruntergeladen werden.

www.klaus-wessiepe.purespace.de/geno.htm
Mittlerweile gibt es ein Computerprogramm zur Erstellung eines Genogramms. Auf dieser Web-Seite wird das Programm GenoGraph2.1 vorgestellt und zum Kauf angeboten. Man kann aber auch zunächst eine Demoversion kostenlos herunterladen. Die Stammbäume und Familienaufstellungen in unserem Buch sind mit diesem Programm erstellt worden.

www.if-weinheim.de/wasistsyst/WasIstSyst.htm
Eine verständliche und gute Einführung in Methoden und Zielsetzung systemischer Familientherapie bietet diese Internetseite des Institutes für Familientherapie Weinheim.

Viele interessante Infos rund um die Familie bieten folgende Internetseiten:

www.familyclick.de
www.eheseelsorge.net
www.wertstoff.com
hier besonders die Seite über Familie

www.igst.org
Die Internationale Gesellschaft für systemische Therapie
(IGST) wurde 1983 gegründet. Sie sieht ihre Aufgabe darin,
systemisches Denken und Handeln in unterschiedlichen psy-
chosozialen Kontexten umzusetzen. Auf ihrer Web-Seite findet man neben Weiterbildungsmöglichkeiten eine gute Beschreibung systemischen Denkens.

www.familie.de
Die Zeitung *Familie und Co* bringt hier viele hilfreiche Informationen

www.psychiatrie.de/therapie/familien.htm
Einen guten Abriss der Geschichte der Familientherapie sowie
ihre Stärken und Grenzen finden sie unter dieser Adresse.

www.trennungskinder.de
Als heute „erwachsenes Trennungskind" berichtet der Autor
dieser Internetseite über seine eigene Geschichte. Und diese
war wohl Anlass, dass er auf seiner Homepage eine Fülle von
Informationen und Hilfen zusammengetragen getragen hat.
Ziel dieser umfangreichen Homepage ist es vor allem, „die
Folgen der Trennung für die Kinder zu lindern".

www.stover.de/scheidungskinder
Auf dieser Seite findet man neben Information auch seelsorgerliche Hilfe im Umgang mit Scheidungskindern.

www.ruth-gall.de
Diese ist eine Internetseite speziell für die Schwiegertochter.
Ruth Gall, Gründerin der ersten „Selbsthilfe Initiative für
Schwiegertöchter" bietet nicht nur ein „Problem Forum" als

Diskussionsplattform an, sondern gibt auch Tipps und Informationen zum Umgang mit den Schwiegereltern.

www.m-ww.de/krankheiten/psychische_krankheiten/bulimie.html

Medicine-Worldwide versteht sich als führendes „Patientenorientiertes Medizinportal" im Internet. Dabei bietet es nicht nur fachlich fundierte Information, sondern auch Hinweise, wo und wie man Hilfe bekommen kann.

www.m-ww.de/service/psyline1.html

Die Internetplattform „Medicine-Worldwide" bietet neben ersten Informationen auch eine „Psychologische Online-Beratung" durch ihren Partner „Psycare" an. Die erste Beratung ist kostenlos. Diese psychologische Beratung ersetzt keinen Arztbesuch!

www.hohemark.de

Die christlich orientierte Fachklinik Hohe Mark bei Frankfurt am Main bietet auch stationäre Behandlung bei Essstörungen an. Eine erste Information findet man auf ihrer Internetseite unter „Psychotherapie Essstörungen".

www.hungrig-online.de

Dies ist eine informative Seite zu den Krankheitsbildern „Bulimie" und „Magersucht". Neben einem breiten Informationsangebot besteht die Möglichkeit eines interaktiven Erfahrungsaustausches.

www.aamft.org

Die *American Association for Marriage and Family Therapy* bringt unter der Rubrik *Families and Health* eine ganze Reihe von hilfreichen Tipps zu Problemen rund um die Familie. Die Web-Seite ist auf englisch.

www.erf.de/seelsorge

Ein Beratungsangebot des Evangeliumsrundfunks, der durch Briefkontakt, Telefon- oder e-mail Korrespondenz seelsorgerliche Hilfe anbietet.

www.telefonseelsorge.de

Es gibt nicht nur die Telefonseelsorge am Telefon, sondern auch eine Telefonseelsorge im Internet. Per e-mail kann man Kontakt zu einem Seelsorger oder einer Seelsorgerin aufnehmen, um Rat und Hilfe zu bekommen. Zu bestimmten Zeiten ist nach vorheriger Absprache auch eine zeitgleiche Beratung in einem Chatraum möglich.

11 Literaturverzeichnis

Camus, Jean le: Väter. Die Bedeutung des Vaters für die psychische Entwicklung des Kindes, Weinheim/Basel 2001

Drewermann, Eugen: Das Markusevangelium, Erster Teil, 4. Aufl., Olten 1989

Engstler, Heribert (Hrsg.): Die Familie im Spiegel der amtlichen Statistik, 5. Aufl., Bonn 1999 (kostenlos im Internet unter www.bmfsfj.de)

Flöttmann, Holger Bertrand: Angst. Ursprung und Überwindung, 3. Aufl., Stuttgart/Berlin/Köln 1993

Frisch, Max: Mein Name sei Gantenbein, Frankfurt 1998

Furmann, Ben: Es ist nie zu spät, eine glückliche Kindheit zu haben, 3. Aufl., Dortmund 2001

Geck, Martin: Ludwig van Beethoven; rowohlts monographie, Hamburg 1996

Gröne, Margret: Wie lasse ich meine Bulimie verhungern?, 2. Aufl., Heidelberg1997

Haase, Lisbeth: Wibrandis Rosenblatt, Stuttgart 2000

Hellinger, Bert: Ordnungen der Liebe, Heidelberg 1994

Hüther, Gerald: Die Evolution der Liebe, Göttingen 1999

Hüther, Gerald: Bedienungsanleitung für ein menschliches Gehirn, Göttingen 2001

Jugend 2000. 13. Shell Jugendstudie, Konzeption und Durchführung Fischer, Arthur u. a.: Opladen 2000

Kafka, Franz: Brief an den Vater, Frankfurt 1985

Kellermann, Faye: Das Hohelied des Todes, 7. Aufl., München 1996

König, Karl: Brüder und Schwestern. Geburtenfolge als Schicksal, 9. Aufl., Göttingen 1986

Ley, Stephan: Beethoven. Sein Leben in Selbstzeugnissen, Briefen und Berichten, Wien/Berlin o. J.

Mann, Thomas: Josef und seine Brüder, Frankfurt 1964

Matthias, Franz: Seelische Gesundheit und neurotisches Elend. Der Langzeitverlauf in der Bevölkerung, Wien 2000

McGoldrick, Monica u. Gerson, Randy: Genogramme in der Familienberatung, 2. Aufl., Bern 2000

Michels, Volker: Hermann Hesse. Leben und Werk im Bild, Frankfurt 1973

Naske, R. (Hrsg.): Aufbau und Störungen frühkindlicher Beziehungen zu Mutter und Vater, Wien 1980

Opaschowski, Horst W.: Deutschland 2010: Wie wir morgen leben, Hamburg 1997

Richter, Horst-Eberhard: Eltern, Kinder, Neurose, Reinbeck 1963

Richter, Horst-Eberhard: Patient Familie, Reinbeck 1972

de Saint-Exupéry, Antoine: Wind, Sand und Sterne, Gesammelte Schriften Band 1, München 1978

Simon, Fritz: Meine Psychose, mein Fahrrad und ich, Heidelberg 1990

Schlippe, Arist von u. Schweitzer, Jochen: Lehrbuch der systemischen Therapie und Beratung, Göttingen 1996

Schmidt, Gunter: Sexuelle Verhältnisse, Hamburg 1998

Schmidt, Gunter: Kinder der sexuellen Revolution, Gießen 2000

Schneewind, Klaus A. (Hrsg.): Wandel der Familie, 2. Aufl., Göttingen 1998

Shazer, Steve de: Der Dreh. Überraschende Wendungen und Lösungen in der Kurzzeittherapie, 4. Aufl., Heidelberg 1995

Trobisch, Walter: mit dir – Partnerschaft in der Erprobung, 6. Aufl., Göttingen 1991

Utsch, Michael (Hrsg.): Wenn die Seele Sinn sucht. Herausforderung für Psychotherapie und Seelsorge, Neukirchen-Vluyn 2000

Wallerstein, Judith u. Blakeslee, Sandra: Gewinner und Verlierer. Frauen, Männer, Kinder nach der Scheidung. Eine Langzeitstudie, München 1989

Watzlawick, Paul: Wie wirklich ist die Wirklichkeit?, 27. Aufl., München 2001

Weber, Gunthard u. Stierlin, Helm: In Liebe entzweit – Die Heidelberger Familientherapie der Magersucht, Hamburg 1989

Weber, Gunthard (Hrsg.): Zweierlei Glück. Die systemische Psychotherapie Bert Hellingers, Heidelberg 1993

Weiss, Thomas: Familientherapie ohne Familie, München 1988

Wetter-Parasie, Jost u. Parasie, Luitgardis: Angst in Kraft verwandeln, 2. Aufl., Stuttgart 2000

White, Michael u. Epston, David: Die Zähmung der Monster, 2. Aufl., Heidelberg 1994

Quellennachweis der Abbildungen:

Edith Piaf: Photographie Studio Harcourt
   © AFDPP/Ministère de la culture
Gemälde „Mutter und Tochter" von Egon Schiele 1913: z. B.
   www.art.com zu finden oder www.ocaiw.com/schiele.htm
Gemälde „Josefs Coat" aus der Safad Bible, copyright The
   Israel Bible Museum, P.O.Box 1296, Safad, Israel;
   Phone 011-972-06-6999972 or USA: 301-8971518
   e-mail: Steve Ornstein at tikun@mcs.comi
   www.israelbiblemuseum.com/safadbible/_Jun26027.html
Bild „Hänschen klein" aus einer Internetseite ohne copy-
   right-Angaben:
   http://www.cqc.net:81/helena/Kinderwelt/
   Kinderlieder/haenschen_klein.htm
Peanuts-Bilder aus: Schulz, ... Geschwister sein dagegen
   sehr. Ein Baumhaus Geschenkbuch, Baumhausverlag
   Frankfurt/Zürich, ISBN 3-8315-0051-7, PEANUTS copyright United Feature Syndicate, Inc.
Marc Chagall: aus Marc Chagall-Bibel, copyright Succession
   Marc Chagall/ADAGP 2000, zu finden im Internet:
   www.meyerovich.com/chagall/chagall-b01.html
Die Familienstammbäume und Familienaufstellungen sind in
   diesem Buch mit dem Programm GenoGraph 2.1 copyright
   2001 Klaus Wessiepe erstellt worden.

12 ANMERKUNGEN

[1] Kellermann, Faye: Das Hohelied des Todes, 7.Aufl., , Goldmann TB, München 1996, S. 89

[2] Kafka, Franz: Brief an den Vater, Fischer TB Verlag, Frankfurt 1985, S. 58 f

[3] In anderen Kulturen findet man auch heute noch ähnliche Familienstrukturen wie bei uns im Mittelalter. So zum Beispiel im Jemen. Der Jemen ist wie die meisten arabischen Länder eine streng patriarchalische Gesellschaft, die auf der Großfamilie basiert. Das Leben von Männern und Frauen ist hermetisch getrennt. Männer sind für die Angelegenheiten außer Haus und die Frauen für Heim und Herd zuständig. Es ist in diesen Gesellschaftsstrukturen klar geregelt, dass die Männer für ihre Frauen sorgen müssen. Daher haben viele Männer in islamischen Ländern trotz Zulassung der Vielehe nur eine Frau. Für mehr können sie nicht sorgen. Die Ehepartner werden durch die Eltern ausgesucht. Hier spielt vor allem die Mutter eine entscheidende Rolle. Dem künftigen Ehemann bleibt oft nichts anderes übrig, als sich bei der Wahl der Ehefrau ganz auf den Geschmack seiner Mutter zu verlassen. In diesen nach außen von Männern dominierten Kulturen haben die Frauen doch viele Fäden in der Hand.

[4] Vgl. Haase, Lisbeth: Wibrandis Rosenblatt, Edition Anker, Stuttgart 2000

[5] Die 1996 geschiedenen Ehen haben im Durchschnitt zwölf Jahre bestanden, wobei die höchste Scheidungsintensität im fünften und siebten Ehejahr lag. Vgl. Engstler, Heribert (Hrsg.): Die Familie im Spiegel der amtlichen Statistik, 5. Aufl. Bonn, 1999, S. 88–90

[6] Microsoft® Encarta® 99 Enzyklopädie: Artikel „Ehe", © 1993–1998 Microsoft Corporation

[7] Schmidt, Gunter: Sexuelle Verhältnisse, Hamburg 1998, S. 41, Gießen 2000

[8] Benjamin, Jessica: Die Fesseln der Liebe, Frankfurt 1990, zit. nach Schmidt, Gunter, aaO, S. 41

[9] Schmidt, Gunter, aaO, S. 42

[10] AaO, S. 42 f.

[11] Schmidt, Gunter aaO, S. 120 f.

[12] Sennet, Richard: Verfall und Ende des öffentlichen Lebens. Tyrannei der Intimität, Frankfurt 1983; zit. nach: Schmidt, Gunter: Sexuelle Verhältnisse, rororo TB; Hamburg 1998, S. 38

[13] Schmidt, Gunter (Hrsg.): Kinder der sexuellen Revolution, S. 76

[14] AaO, S. 78 u. S. 125
[15] AaO, S. 117
[16] Schmidt, Gunter: Sexuelle Verhältnisse, S. 48
[17] Stat. Bundesamt; veröffentl. in: Ärztliche Praxis Nr. 26 vom 31.3.2000
[18] Engstler, Heribert (Hrsg.): Die Familie im Spiegel der amtlichen Statistik, 5.Aufl., Bonn 1999, S. 88
[19] Schmidt, Gunter: Sexuelle Verhältnisse, S. 37 f
[20] Hüther, Gerald: Bedienungsanleitung für ein menschliches Gehirn, Göttingen 2001, S. 57
[21] Hüther, Gerald: Die Evolution der Liebe, Vandenhoek und Ruprecht, Göttingen 1999, S. 82
[22] AaO, S. 97
[23] AaO, S. 85
[24] Vgl. Opaschowski, Horst W.: Deutschland 2010: Wie wir morgen leben, Hamburg 1997, S. 181 f.
[25] Engstler, Heribert (Hrsg.): Die Familie im Spiegel der amtlichen Statistik, S. 32; andere Angaben sprechen von 75 % der minderjährigen Kinder, die noch mit ihren leiblichen Eltern zusammenleben: Camus, Jean le: Väter. Die Bedeutung des Vaters für die psychische Entwicklung des Kindes, Weinheim/Basel 2001, S. 31
[26] Hamann, Bruno in: Wandel der Familie, hrsg. von Schneewind, Klaus A. (u. a.), 2.Aufl., Göttingen 1998, S. 60
[27] Jugend 2000, die 13. Shell Jugendstudie, Gesamtkonzeption und Koordination: Fischer, Arthur u. a., Opladen 2000, S. 14
[28] Starke, Kurt in: Schmidt, Gunter (Hrsg.): Kinder der sexuellen Revolution, S. 253: „Beispielsweise wird für das Aufziehen von Kindern die Ehe oder die feste Partnerschaft bevorzugt. Überhaupt werden sich Kinder gewünscht, häufig auch mit dem aktuellen Partner. Eine Partnerbeziehung ohne Liebe und Nähe wird als nicht ideal oder nicht lebbar betrachtet. Glückhafte Sexualität wird in der Liebesbeziehung gewünscht und oft auch erreicht."
[29] Starke, Kurt: In oder out – Partnerschaft und Familie im neuen Jahrtausend, Vortrag auf einer Fachtagung des Institutes für systemische Forschung, Therapie und Beratung am 15.5.2001 in Magdeburg, unveröffentlicht
[30] Vgl. z. B. Richter, Horst-Eberhard: Eltern, Kind, Neurose, Rowohlt, Reinbek 1963; ders: Patient Familie, Rowohlt, Reinbek 1972
[31] Watzlawick: Paul: Wie wirklich ist die Wirklichkeit? 27. Auflage, Piper Verlag, München 2001, S. 74

[32] Vgl. Wetter-Parasie/Parasie: Angst in Kraft verwandeln, 2.Aufl, An-
kerverlag, Stuttgart 2000, S. 113; von Schlippe, Arist und Schweitzer, Jochen: Lehrbuch der systemischen Therapie und Beratung,
Vandenhoeck & Ruprecht, Göttingen 1996, S. 55

[33] Simon, Fritz: Meine Psychose, mein Fahrrad und ich, Carl Auer Verlag
Heidelberg 1990, S. 29

[34] Frisch, Max: Mein Name sei Gantenbein, Suhrkamp, Frankfurt 1998,
S. 49

[35] White, Michael und Epston, David: Die Zähmung der Monster, 2.
Aufl., Heidelberg 1994, S. 85

[36] Frisch, Max: Mein Name sei Gantenbein, S. 51–52

[37] Schmidt, G.: „Wer einigermaßen der Gleiche bleiben will, muß sich
ständig verändern", in: Familiendynamik Heft 2, Stuttgart 1991,
S. 151

[38] de Shazer, Steve: Der Dreh, 4. Auflage, Heidelberg 1995, S. 28

[39] Parallel dazu heißt es in der modernen Lerntheorie: „Lernen ist die
aktive Auseinandersetzung eines Individuums mit der Welt und den
Dingen mit dem Ziel, ein Konstrukt aufzubauen, das das Individuum
in einen stabilen Zustand versetzt." Thissen, Frank: Lernen neu
erfinden – konstruktivistische Grundlagen einer Multimedia-Didak-
tik, in: Beck, Uwe u. Sommer, Winfried (Hrsg.): Learntec 97. Euro-
päischer Kongress für Bildungstechnologie und betriebliche Bil-
dung, Tagungsband, Karlsruhe 1997, S. 69–79; der Aufsatz ist auch
auf der Internetseite www.frank-thissen.de zu finden.

[40] Von Schlippe, Arist und Schweitzer, Jochen: Lehrbuch der systemischen Therapie und Beratung, S. 205

[41] Weiss, Thomas: Familientherapie ohne Familie, München 1988,
S. 79. Gunthard Weber und Helm Stierlin schreiben in dem Band „In
Liebe entzweit – Die Heidelberger Familientherapie der Magersucht", Hamburg 1989, von 1–10 Sitzungen in einem Zeitraum von 1
bis 2 Jahren, S. 78

[42] McGoldrick, Monica und Gerson, Randy: Genogramme in der Familienberatung, 2.Aufl., Verlag Hans Huber, Bern 2000, S. 17

[43] Engstler, Heribert (Hrsg.): Die Familie im Spiegel der amtlichen
Statistik, 5.Aufl., Bonn 1999, S. 34 u. 41; die Zahlen stammen von
1996. Es gibt bislang keinen eindeutigen Trend zur Ein-Kind-Familie,
obwohl Deutschland zu den Ländern Europas mit der geringsten
Geburtenrate und der höchsten Kinderlosigkeit gehört. Bei der jüngeren Generation scheint sich ein Trend abzuzeichnen, entweder
ganz auf Kinder zu verzichten oder aber den Wunsch nach mindestens zwei Kindern zu realisieren, S. 94 f.

[44] König, Karl: Brüder und Schwestern. Geburtenfolge als Schicksal, 9.Aufl., Vandenhoeck & Ruprecht, Göttingen 1986, S. 47

[45] Zit. in: McGoldrick, Monica und Gerson, Randy: Genogramme in der Familienberatung, S. 60

[46] AaO, S. 67

[47] Vgl. Abb.11

[48] Geck, Martin: Ludwig van Beethoven, rowohlts monographie, Hamburg 1996, S. 39

[49] Adlers Ideen zur Geschwisterkonstellation beschrieben von dem Psychiatriehistoriker Ellenberger, zitiert in: McGoldrick, Monica und Gerson, Randy: Genogramme in der Familienberatung, S. 71

[50] König, Karl: Brüder und Schwestern. Geburtenfolge als Schicksal, Verlag Vandenhoeck & Ruprecht, Göttingen, 9.Aufl. 1986, S. 61

[51] Aus: McGoldrick, Monica und Gerson, Randy: Genogramme in der Familienberatung, S. 63 f

[52] 1996 gab es in Deutschland 1,64 Millionen Ein-Eltern-Familien. Davon waren 85 % Mutter-Kind-Familien und 15 % Vater-Kind-Familien. 3/5 von ihnen waren geschiedene Eltern. Siehe: Engstler, Heribert (Hrsg.): Die Familie im Spiegel der amtlichen Statistik, 5.Aufl.Bonn, 1999, S. 54–55

[53] Lebten 1972 noch 3,3 % aller privaten Haushalte mit drei oder mehr Generationen unter einem Dach, so waren es 1996 in Deutschland nur noch 1 % aller privater Haushalte. Siehe: Engstler, Heribert (Hrsg.): Die Familie im Spiegel der amtlichen Statistik, S. 48 f

[54] AaO, S. 111–113

[55] Vgl. Fallbeschreibung in Kap. 7.1

[56] vgl. Weber, Gunthard (Hrsg): Zweierlei Glück. Die systemische Psychotherapie Bert Hellingers, Carl-Auer-Systeme Verlag, Heidelberg 1993

[57] Simon, Fritz und Retzer, Arnold: Zwei Welten, in: Psychologie heute 25, 1998, Heft 7, S. 64–69

[58] Hellinger, Bert: Ordnungen der Liebe, Carl-Auer-Systeme Verlag, Heidelberg 1994, S. 87

[59] AaO, S. 505

[60] Bayer, Irina und Sell, Dietmar: Hellinger – ein Zeichen der Zeit? in: Familiendynamik, 25. Jahrgang, Heft 4, Klett-Cotta Stuttgart Oktober 2000, S. 485–503

[61] Hellinger, Bert: Ordnungen der Liebe, S. 503

[62] AaO, S. 43

[63] Weber, Gunthard (Hrsg.): Zweierlei Glück. Die systemische Psychotherapie Bert Hellingers, S. 25

[64] AaO, S. 63

[65] Hellinger, Bert: Ordnungen der Liebe, S. 510

[66] Weber, Gunthard (Hrsg.), Zweierlei Glück. Die systemische Psychotherapie Bert Hellingers, S. 293–294

[67] Bayer, Irina und Sell, Dietmar: Hellinger – ein Zeichen der Zeit? S. 495

[68] Weber, Gunthard (Hrsg.): Zweierlei Glück. Die systemische Psychotherapie Bert Hellingers, S. 110

[69] Markus 2, 27

[70] Hellinger, Bert: Ordnungen der Liebe, S. 468 u. 469

[71] Johannes 8, 1-11

[72] Watzlawick, Paul: Wie wirklich ist die Wirklichkeit?, S. 9

[73] Simon, Fritz und Retzer, Arnold: Zwei Welten, S. 68

[74] Willi, Jürg: Psychotherapie im Kontext christlicher Liturgie, in: Wenn die Seele Sinn sucht, hrsg. von Utsch, Michael: Neukirchener Verlagshaus 2000, S. 139

[75] Camus, Jean le: Väter. Die Bedeutung des Vaters für die psychische Entwicklung des Kindes, S. 57

[76] AaO, S. 46

[77] AaO, S. 48

[78] AaO, S. 153

[79] Franz, Matthias: Seelische Gesundheit und neurotisches Elend. Der Langzeitverlauf in der Bevölkerung, Wien 2000; Zusammenfassung in Ärzte-Zeitung, Nr. 55, Jg. 19, S. 1

[80] Flöttmann, Holger Bertrand: Angst. Ursprung und Überwindung, 3.Aufl, Verlag W.Kohlhammer, Stuttgart, Berlin, Köln 1993, S. 177

[81] AaO, S. 177

[82] Rotmann, M.: Über die Rolle des Vaters der frühen Kindheit. In: Naske, R. (Hrsg.): Aufbau und Störungen frühkindlicher Beziehungen zu Mutter und Vater. Hollinek, Wien 1980, S. 102

[83] Stierlin, Helm: Angst in und durch Familien, in: Schultz, Hans Jürgen: Angst, Kreuz-Verlag, Stuttgart 1987, S. 91

[84] AaO, S. 91

[85] AaO, S. 91

[86] Volksweise 19. Jahrhundert, mündlich überliefert

[87] Diese Textvariante stammt von Franz Wiedeman (1821–1882)

[88] Trobisch, Walter: mit dir, 6.Aufl., Vandenhoeck & Ruprecht, Göttingen 1991, S. 21

[89] AaO, S. 21

[90] de Saint-Exupéry, Antoine: Wind, Sand und Sterne, Gesammelte Schriften, dtv-Dünndruck-Ausgabe Band 1, München 1978, S. 295

[91] Drewermann, Eugen: Das Markusevangelium. Erster Teil, 4.Aufl., Olten/Freiburg 1989, S. 491

[92] Beschrieben in: White, Michael und Epston, David: Die Zähmung der Monster, 2. Auflage, Carl-Auer-Systeme Verlag, 1994

[93] Wardetzki, Bärbel: Iß doch endlich mal normal! Welche Rolle spielen die Angehörigen im Rahmen einer Magersucht oder Bulimie? in: Gestaltkritik – die Zeitschrift mit Programm des Gestalt-Instituts Köln/GIK Bildungswerkstatt, Heft 1 1996. Die Zeitschrift findet sich auch als online-Zeitschrift im Internet unter www.gestaltkritik.de

[94] Wardetzki, Bärbel: Bulimie – der Hunger nach Anerkennung, in: Gestaltkritik – die Zeitschrift mit Programm des Gestalt-Instituts Köln/GIK Bildungswerkstatt, Heft 1 1995. Die Zeitschrift findet sich auch als online-Zeitschrift im Internet unter www.gestaltkritik.de

[95] Gröne, Margret: Wie lasse ich meine Bulimie verhungern, 2.Aufl., Auer Verlag, Heidelberg 1997, S. 151

[96] Der amerikanische Kulturkritiker Christopher Lasch spricht von der Familie als „a haven in a heartless world"; zit. in: Stierlin, Helm: Angst in und durch Familien, in: Schultz, Hans Jürgen: Angst, Kreuz-Verlag, Stuttgart 1987, S. 91

[97] Furmann, Ben: Es ist nie zu spät, eine glückliche Kindheit zu haben, 3. Aufl., borgmann publishing GmbH, Dortmund 2001, S. 50

[98] AaO, S. 19

[99] AaO, S. 33

[100] Thomas Mann, Josef und seine Brüder, Fischer Verlag, Frankfurt am Main 1964, S. 385

[101] AaO S. 398

[102] Hermann Hesse in einem Brief, zit. in: Michels, Volker: Hermann Hesse. Leben und Werk im Bild, insel taschenbuch 36, Frankfurt 1973, S. 226

[103] Wallerstein, Judith und Blakeslee, Sandra: Gewinner und Verlierer. Frauen, Männer, Kinder nach der Scheidung. Eine Langzeitstudie, München 1989, S. 14

[104] AaO, S. 14 f

[105] AaO, S. 14 f

[106] AaO, S. 354

[107] AaO, S. 349

[108] Zit. nach aaO, S. 21

[109] Engstler, Heribert (Hrsg.): Die Familie im Spiegel der amtlichen Statistik, Bonn 1999, S. 93

[110] Die Scheidungsrate des Heiratsjahrgangs 1980 ist gegenüber dem 1975 um weitere 5 % gestiegen; vgl. Engstler, Heribert (Hrsg.): Die Familie im Spiegel der amtlichen Statistik, S. 91

[111] Engstler, Heribert (Hrsg.): Die Familie im Spiegel der amtlichen Statistik, S. 90

Mein Familienstammbaum

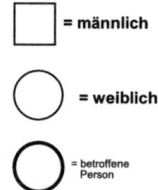 = männlich

= weiblich

= betroffene Person

= verstorben

verheiratet

zusammenlebend

getrennt

geschieden

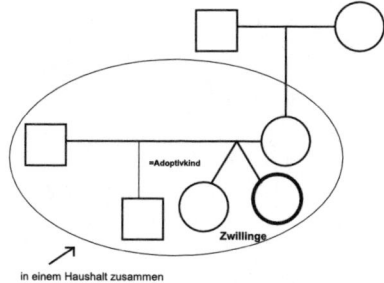

=Adoptivkind

Zwillinge

in einem Haushalt zusammen

Mein Familienstammbaum

☐ = männlich

◯ = weiblich

◯ = betroffene Person

☒ = verstorben

verheiratet
☐═══◯
zusammenlebend

getrennt
☐ / // ◯
geschieden

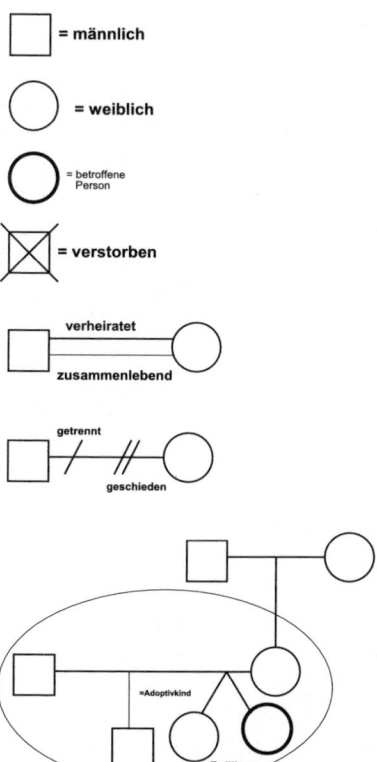

=Adoptivkind

Zwillinge

↗ in einem Haushalt zusammen